FRAMEWORK

マッキンゼーで叩き込まれた

超速フレームワーク

大嶋祥誉 Oshima Sachiyo

三笠書房

人間は道具を使う動物である。
道具がなければ無であり、道具があるとすべてである。

Man is a tool-using animal. Without tools he is nothing, with tools he is all.

トーマス・カーライル（英国の思想家・歴史家、１７９５～１８８１）

もくじ

序章 マッキンゼーで叩き込まれた「超速フレームワーク」仕事術

第I部 問題解決フレームワーク

第1章 トラブルを未然に防ぐ「空・雨・傘」

第2章

真の問題をあぶり出す「So What？」「Why So？」

第3章 問題解決策を体系的に検討する「ロジックツリー」

第Ⅱ部　マーケティングフレームワーク

第4章　3つの視点でビジネス環境を把握する「3C分析」

第5章 差別化戦略に有効な「2軸マトリクス」

第6章 製品開発から販売戦略までカバーする「4P」

第Ⅲ部 目標達成フレームワーク

第7章 バリューを生み出す「ビジネスシステム」

第8章　説得力のある伝え方「ＰＲＥＰ法」

第9章 行動して改善し、目標を達成する「経験学習モデル」

編集協力／有限会社ヴュー企画、岡林秀明　本文デザイン・ＤＴＰ／岡田聡美（アイル企画）

序章

マッキンゼーで叩き込まれた「超速フレームワーク」仕事術

「超速フレームワーク」が
仕事のスキルを格段に上げる

ビジネスパーソンであれば、「限られた時間の中で、最大限の成果をあげたい」「論理的に伝えて説得力を高めたい」といった状況に直面することが少なくありません。

そのようなときに強い味方となってくれるのが、これからご紹介する「フレームワーク」です。フレームワークとは、ひと言でいうと、「思考の枠組み」。このフレームワークを使うことで、前述のような状況にあっても迅速かつ精度の高い意思決定をしたり、効率的に問題を解決したり、生産性をアップさせたりすることが可能になります。

「思考の枠組み」というと難しく聞こえますが、この**「枠」に当てはめることによって思考や考察、問題解決をスムーズに進めることができるのです。**

たとえば、「お酒の企画を考えなさい」といわれると、何から考えたらいいか見当もつきません。しかし、「**30代女性を対象にした日本酒の企画を考えなさい**」という条件（枠）があったらどうでしょう。具体的なアイデアが浮かびやすくなるのではないでしょうか。これと同じで、ビジネスの現場ではある種の制限や枠組みがあったほうが、思考スピードが速まり、効率的に仕事を進められるようになります。

しかもフレームワークを上手に使うと、**思考力が活性化**するので、何も手がかりなく自由に思考するよりも、**格段にアイデアが生まれやすく**なります。

私は以前、世界有数のコンサルティングファームである、マッキンゼー・アンド・カンパニーで、コンサルタントとして働いていました。そこでは「スピード」と「質」の両方を追求しながら、高いパフォーマンスを上げることを、常に要求されました。そうした中で、徹底的に叩き込まれたのが、本書のフレームワークです。

同僚たちに比べて、決して超優秀とは言えなかった私が、それでもなんとかクライアントの要求に応え、結果を出すことができたのは、フレームワークのおかげです。

実際、フレームワークを完全に自分の武器として使いこなせるようになってからは、飛躍的に仕事の「スピード」と「質」が上がりました。まさに「超速」の世界です。

フレームワーク思考の基本はMECE《ミーシー》感覚

フレームワークを活用して仕事を進めるクセをつけると、何らかの枠組みを設けて情報を整理する**「フレームワーク思考」**が自然と身についていきます。これにより、物事の全体を俯瞰《ふかん》することが容易になり、意思決定やコミュニケーションのスキルも格段に向上します。

フレームワーク思考を身につける主なメリットは、次の3つです。

メリット❶――**分析・検証の精度が上がる**
メリット❷――**意思決定が迅速になる**
メリット❸――**論理的に伝えられるようになる**

メリット1は、さまざまな情報を「漏れなく、ダブリなく」整理するクセが身につき、分析・検証の精度が上がり、問題解決や状況把握も容易になることです。この**「漏れなく、ダブリなく」の考え方はMECE（Mutually Exclusive and Collectively Exhaustive の略称）と呼ばれ、フレームワークを活用する重要な概念**です。

MECEそのものは、分析対象を漏れなく、ダブリなく分解・分離するフレームワークでもあります。いまでは有名なフレームワークですが、もともとは大手コンサルティング・ファームのマッキンゼーで使われていた、論理的思考の基本的な考え方です。

MECEについて、もう少し解説していきましょう。

たとえば、ある問題を解決しようとしても、さまざまな要素が複雑にからみ合っていることが多く、やみくもに分析・検証をしても漏れや重複が出てしまい、うまくいきません。

しかし、分析対象を構成する個々の要素に分解し、それらの要素が漏れやダブリがない**「MECE」になっているかを確認して進めれば、問題の本質的な要因にたどり着きやすくなります。**

MECEの考え方

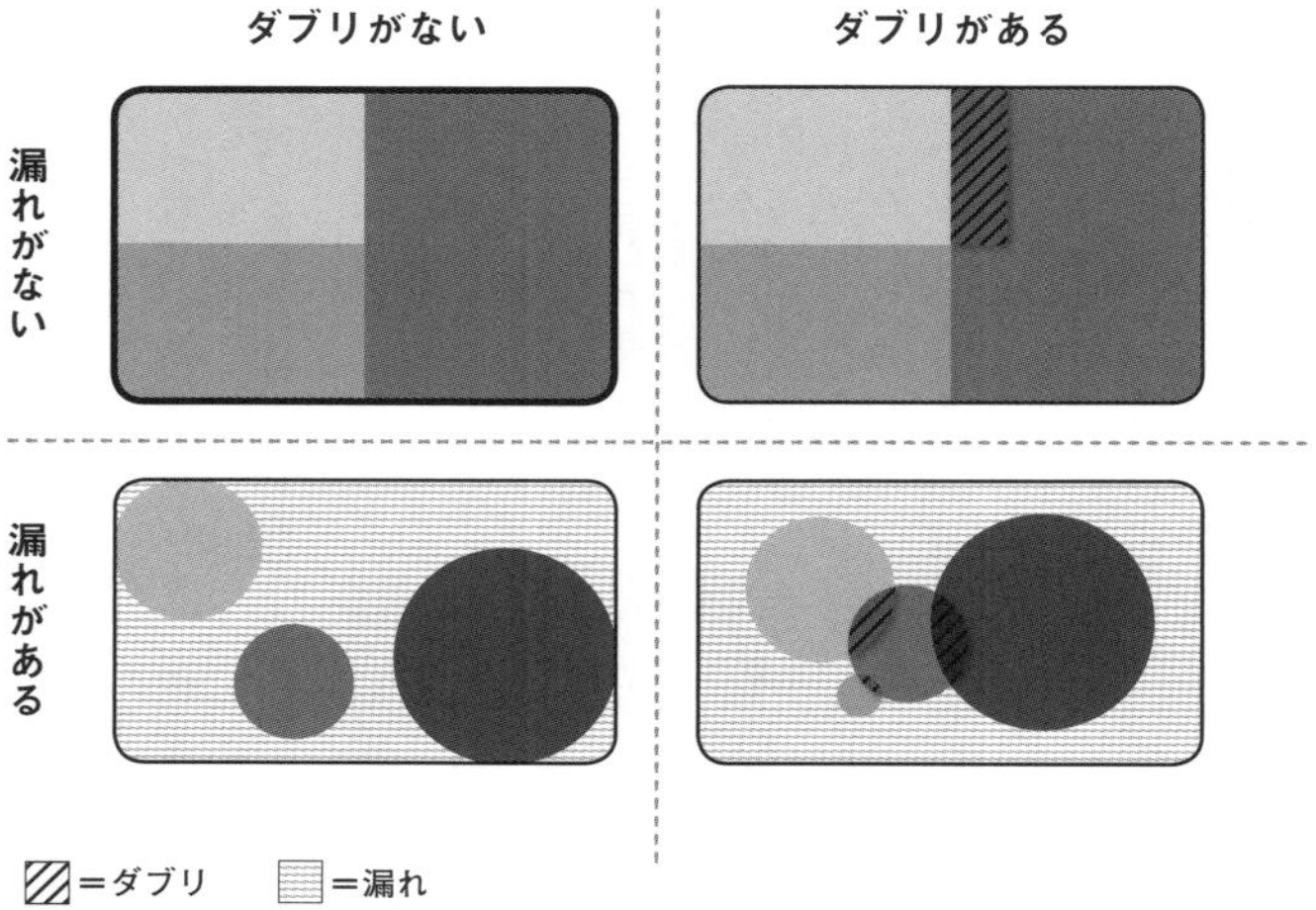

なお、MECEを使う際は、網羅的に全体を俯瞰し、**「ダブリ」がないかよりも「漏れ」がないかに注意**してください。大切なのは、「厳密」にこだわって完璧なMECEを求めることではなく、**「MECE感覚」を持って考える**ことなのです。

メリット2とメリット3についても解説しましょう。

現在のビジネスシーンにおいて、メリット2の「意思決定が迅速になる」ことは大きな強みになります。フレームワーク思考を身につけると、**仕事のスピードや効率性が格段に上がるため、競合他社やライバルに大きな差をつける**ことができます。

また、メリット3の「論理的に伝えられるようになる」ことは、デキるビジネスパーソンの必須条件。フレームワーク思考によって、**物事を適切に整理し、論理的に伝えるスキルが身につき、説得力のある伝え方ができる**ようになります。

フレームワークは「分解」「流れ」「対比」の3種類

フレームワークは、数え切れないほど存在しています。それらの用途や難易度はさまざまですが、実は次の3種類に大別することができます。

タイプ❶——**「要素を分解する」フレームワーク**
タイプ❷——**「流れを見る」フレームワーク**
タイプ❸——**「対比する」フレームワーク**

フレームワークは大きく3つ

①要素を分解する
例：ロジックツリー

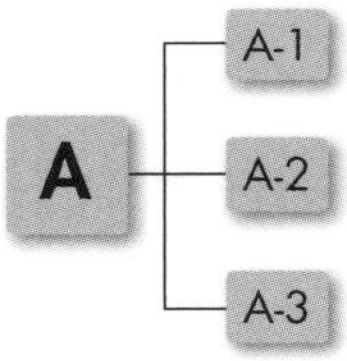

②流れを見る
例：PDCAサイクル

③対比する
例：2軸マトリクス

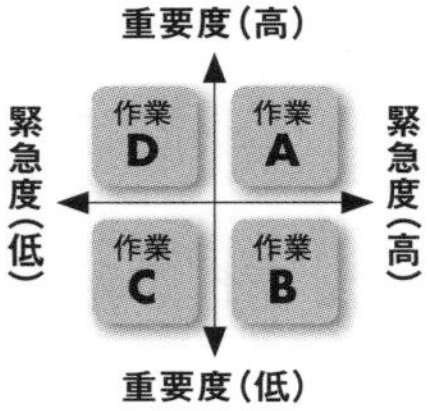

「えっ、これだけ？」と思われるかもしれませんが、ほとんどのフレームワークはこの3つに分類されます。

では、ひとつずつ見ていきましょう。

まず、「要素を分解する」フレームワークです。このタイプは、直面している問題や課題を要素に分解してその構造を探るフレームワークです。先ほど紹介した**MECE**のほか、本書で紹介している**ロジックツリー**（第3章）や**3C**（第4章）が代表例です。

次の「流れを見る」フレームワークは、業務や物事の順番などをプロセスに分けて分析します。よく使われている**PDCAサ**

イクル（第9章）はこのタイプに該当します。また、本書で紹介している**ビジネスシステム**（第7章）や**経験学習モデル**（第9章）もこのタイプの代表的なフレームワークです。

最後の「対比する」フレームワークは、量と質、重要度と緊急度など軸を置いて分析します。このタイプのフレームワークには、本書で紹介している**SWOT分析**（第4章）や**2軸マトリクス**（第5章）などが挙げられます。

大切なのは目的や状況に合った最適なフレームワークを選択することです。**最適なフレームワークを使うことで、抱えている問題や課題の解決に高い効果を発揮し、分析・検証や意思決定、対人コミュニケーションを行う際の強力な武器になります。**

本書で紹介するフレームワークは、どれもビジネスの世界でよく用いられているものばかりです。

まずは自分に必要なフレームワークを見つけ、徹底的に使いこんでみてください。

その武器を完全に自分のものにできたとき、あなたはワンランク、アップした自分に気づくはずです。

第 I 部

問題解決フレームワーク

第1章

トラブルを未然に防ぐ「空・雨・傘」

本章で取り上げるその他のフレームワーク…5W1H

「事実」と「解釈」と「解決策」をセットで考える

私がビジネスや日常生活で頻繁に使っている問題解決技法のひとつに**「空・雨・傘」**と呼ばれるフレームワークがあります。マッキンゼーで働いていたときも、何らかの問題があって解決策を打ち出さなければいけないときには、「空・雨・傘」が力を発揮しました。

どういうことか、具体的に説明してみましょう。

朝、外出前に**空をながめたら**、**西の空はうっすらと雲に覆われて**います。「これは、**昼ごろから雨になるかもしれない**」と思い、**折り畳み傘を持って外出**することにしました。すると、予想通り昼過ぎに雨が降ってきました。

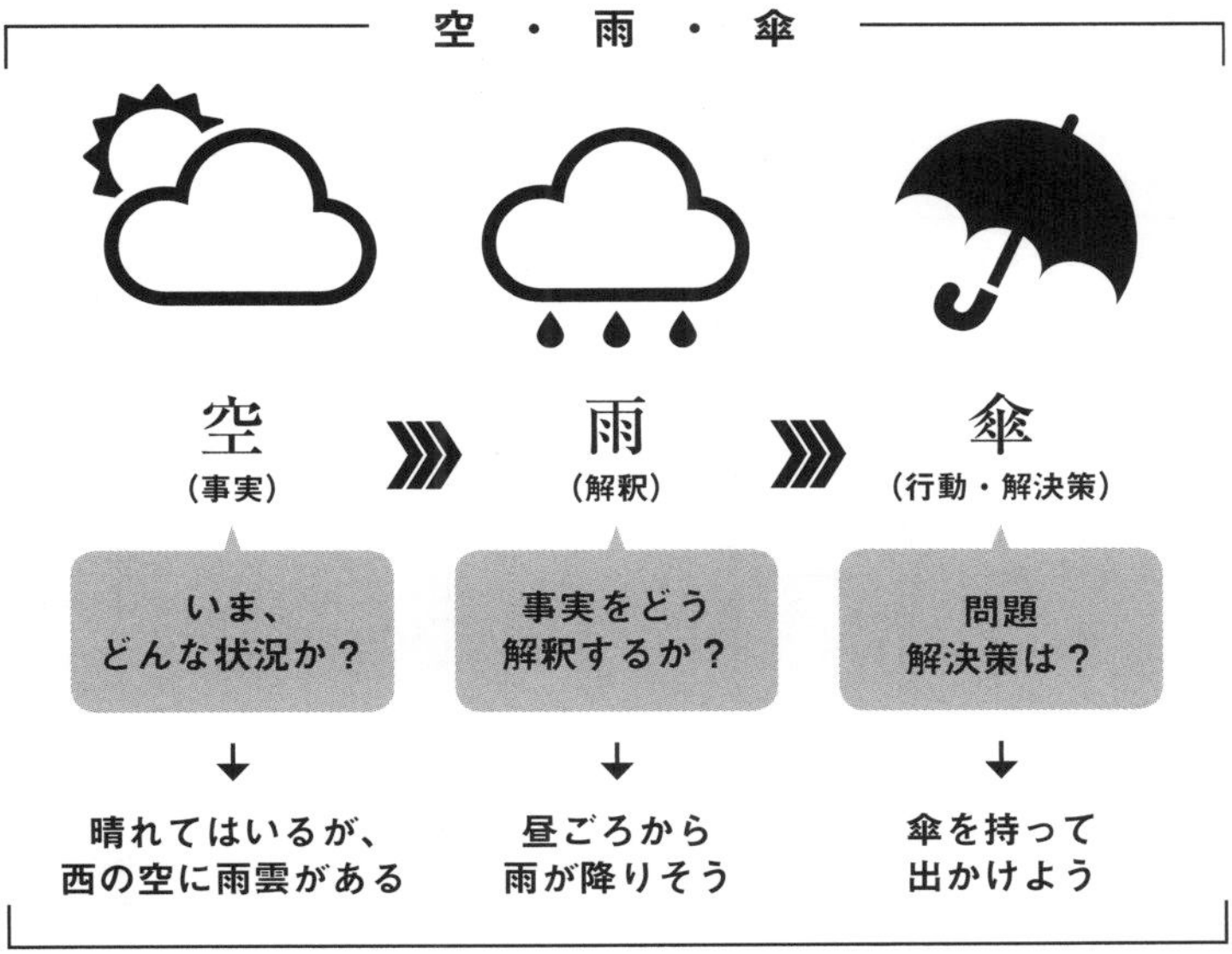

しかし、傘を持っていたので、濡れずに済みました。

つまり、**「空」**は**「いま、どんな状況なのか」**という**「ファクト（事実）」**を指しています。「かんかん照り」なのか、あるいは「一面、雲で覆われているのか」といった、事実の認定です。

次の**「雨」**は、**「その事実が自分にとって具体的に何を意味しているのか」**という**「解釈」**を示します。たとえば「西の空に雨雲がある」という事実を踏まえて「午後から雨になるかもしれない」と解釈するわけです。

最後の**「傘」**は、**事実・現在の状況と解釈を踏まえたうえで、実際に選択すべき「行**

動・解決策」を意味します。つまり、**「雨雲がある（事実・現在の状況）→外出したら雨に打たれるかもしれない（解釈）→傘を持っていこう（解決策）」**という思考の流れになります。

このように、「空・雨・傘」のフレームワークを使うと、**現状の把握・分析から適切な解決策を導き出すことができるようになります。**

空　事実はどうか？
↓
雨　その事実から、どのように解釈するか？
↓
傘　どのように解決策を立案し、問題を解決すればいいか？

ビジネスシーンでも日常生活でも、「空・雨・傘」の思考ができれば、**やっかいな問題やトラブルを未然に防いだり、たとえ問題が発生したとしても効率的・効果的に解決したりする**ことができます。

事実をつかんだだけでは問題は解決しません。必ず解釈、解決策へと思考を進める必要があります。**事実、解釈、解決策は必ずセットで考える**ことが大切です。

事実から、問題やトラブルの発生を予測し、防止する

空を見て雨が降りそうだと解釈し、傘を持って出かけられれば雨に濡れずに済みます。しかし、空を見なかったり、空を見ても雨が降りそうだと判断できなかった場合は、雨に濡れることになります。

つまり、「傘を持って出かける」という解決策にたどり着かなければ、ずぶ濡れになるか、どこかで傘を買うか、雨が止むまで待つしかありません。**時間かコスト、あ**

るいは不快感か、何らかの犠牲を払うということです。

空を見てどのように解釈したかによって解決策の良しあしが変わるように、事実をどのように解釈するのかが、最適な解決策を考える際の肝となります。

たとえば、あなたが異性と2回目のデートを約束しているとします。あなたは好意を持っていて、交際したいと思っていますが、相手の気持ちはわかりません。1回目のデートは、まずまず成功しました。相手も満足したようで、2回目のデートの申し込みにも素直に応じてくれました。ただ、相手と交際できるかどうかは2回目のデートにかかっています。

この際、決め手となるのは1回目のデートで、**どれだけ相手に関するファクト・情報を収集したか、その事実からどんな解釈をしたのか**ということです。

2回目のデートは2人で人気のテーマパークへ行くことにしました。休日で混雑が予想されますが、前もって入場券を買っておくことで、入場制限にかからないようにしました。入場したところ、パーク内は人がいっぱいで、予想外の大混雑。人気のアトラクションは、どこも数時間待たなければいけません。何の用意もしていなかったので、間がもたず、気まずい沈黙が続きます。

結局、待ち時間の間、まともな会話もできず、2人ともスマホの画面を見るばかりで、相手のテンションは、どんどん下がっていきました。明らかに「失敗の予感」しかしません。

しかし、こうしたときでも「空・雨・傘」を活用すると違いが生まれます。前回のデートで得たさまざまなデータや情報をもとに、前もって解決策を準備しておくからです。アトラクションの待ち時間が長かったとしても想定内。相手の好きなコンテンツやゲームアプリをスマホにダウンロードしておいたり、相手が興味を持ちそうな話を用意したりして、相手を飽きさせません。

待ち時間の間に会話が弾めば、デートの成功は半分約束されたようなものです。

デートが終わってから、解決策を立てても何の意味もありません。

雨に降られて、ずぶ濡れになりながら、「傘を用意しておけばよかった」と後悔しても後の祭りということです。

では、このデートの例を「空・雨・傘」で整理してみましょう。

空（事実）　祝日にテーマパークでデートをする。祝日なのでたくさんの人が来る

↓

雨（解釈）　混雑が予想され、待ち時間が長くなるかもしれない。相手が退屈してテンションが下がりそう

↓

傘（解決策）　待ち時間が長くなってもいいように、相手の好きなコンテンツやゲームアプリをスマホにダウンロードしたり、相手が興味を持ちそうな話題を用意したりしておこう

「曲がった煙突」を見て、火事を予見した宿の客

ビジネスシーンでも日常生活でも、問題が発生したらスピーディーに解決する必要があります。**現状に関する事実（情報やデータ）を、どんなにため込んだところで、正しく解釈して、的確な解決策を出さなければ何の役にも立ちません。**

中国の前漢時代（紀元前206年～紀元後8年）の歴史書である『漢書』の「霍光《かくこう》伝《でん》」に、次のような話があります。

中国の戦国の世に、ある客が宿に泊まりました。客が宿の煙突を見ると曲がっていて、しかも煙や火の粉が出ている先には燃料にするための柴草や薪が置いてありました。危険だと思った客は主人に声をかけました。

「煙突から火の粉が出ています。大至急、燃えやすい柴草や薪を別のところへ移したほうがいい。そうしないと火事になりますよ」

ところが、主人は「いま忙しいから」と、とりあおうとしません。案の定、火の粉が薪に燃え移って火事になり、宿舎へと燃え広がりました。

そこへ隣人が駆けつけてきて、火で頭をこがし、額を火傷《やけど》しながら消火にあたりました。彼の奮闘もあって、ようやく火は消えました。主人は隣人に感謝し、牛をほふって盛大な酒席を用意したうえ、莫大なお礼の品を贈りました。

それを見ていたある人が、主人に言いました。

「鎮火させた人をもてなすのは当然としても、一番もてなさなければならない上客は、最初に『煙突が曲がっているから、薪を移せ』と忠告してくれた人ではないか。**ことが起きた後に頑張った人よりも、ことが起きる前に警告してくれた人が大事だ**」

その言葉を聞くと、主人は自分を恥じて忠告してくれた客を探し出し、礼を述べて、大いにもてなしました。

このエピソードを「空・雨・傘」で整理すると、次のようになります。

空（事実）　煙突が曲がっていて、煙や火の粉が出ている先に燃えやすい柴草や薪が置いてある
↓
雨（解釈）　火事が起きそうだ
↓
傘（解決策）　「柴草や薪を別のところへ移したほうがいい」と忠告した

最初の客は事実を見て、火事が起きそうだと解釈し、解決策として主人に薪を移すよう忠告しました。ところが、主人は忠告に耳を傾けなかった。客の言うことを聞いておけば火事を出さずに済んだわけです。

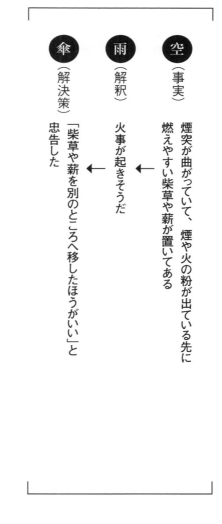

火事騒ぎを見ていた人が言ったように、問題やトラブルが発生してから、その解決のために努力することももちろん重要ですが、空を見て雨を察知し、事前に問題やトラブルの発生を防止することのほうが、ずっと価値があるのです。

これは、「曲突従薪《きょくとつじゅうしん》（曲突、薪を移す）」という「ことわざ」のもとになった、有名な逸話です。

ネットや新聞の記事をうのみにしない

空を見て「雨が降りそう」、火の粉と薪を見て「火事が起きそう」と推測するのは比較的、確度の高い仮説です。しかし、実際のビジネスの現場では、確度の高い仮説を立てること自体が非常に難しいということも多いでしょう。逆に、確度の高い仮説さえ立てることができれば、問題解決のゴールは見えたと言えるかもしれません。

そのためには前提となる**ファクト収集**が非常に重要です。

その際のポイントは、できる限り2次情報ではなく、**1次情報**を集めることです。

2次情報とはインターネットや新聞、雑誌に書いてあったり、テレビで見たり、アナリストや評論家が言っていたりといった、第三者からの情報を指します。

もちろん、2次情報も有益ですが、第三者のフィルターがかかっているので、厳密な意味での事実ではありません。もとの情報を加工・編集しており、第三者の価値観が色濃く表れます。その人やメディアの「見方」「解釈」が正しいとは限りませんし、事実や結論が意図的にゆがめられている可能性さえあります。

私はマッキンゼーで働いていたとき、日本支社長だった大前研一氏に「**新聞に書いてあることを、うのみにしてはいけない**」と、よく言われました。

新聞に書いてあることは**記者のフィルターを通した事実**であって、事実そのものではありません。

私は役に立ちそうな新聞記事を読んだら、発言した人をチェックして直接会いに行ったり、インタビューを申し込んだりして生の声を聞くようにしました。確度の高い仮説を立て、的確な解決策を立案するためには、**現場で徹底的にリサーチして、1次情報を収集する**必要があるのです。

改善のヒントは現場にある

たとえば、あなたがコンサルタントだとして、上司から「顧客である自動車販売ディーラーの売り上げが落ちているから、原因を探り、改善案を考えてほしい」と命じられたとします。

その際に考えなければいけないのは、まず「空」。なぜなら、**現在の状況を正確に把握できなければ、原因究明も、改善策も立てられない**からです。

質の高い情報を収集するためには、現場に足を運ぶことが重要です。現場に行くことで、オリジナルな情報をキャッチできる可能性が高まります。

現場に足を運んだら、次にユーザー（顧客の顧客）にヒアリングをしてみましょう。

「どうして、その販売ディーラーでクルマを買ったのか？」
「ほかのディーラーを選ばなかった理由は何か？」
「クルマを購入する際、重視しているポイントは何か？」
「買い替えの際、継続して、そのディーラーで買うことを決めた理由は何か？」
「ほかのディーラーと比べて、改善してほしい点はあるか？」

このような質問をして、売り上げが落ちている原因を徹底的に探りましょう。**営業現場で何が起きているのかを知らないと、確度の高い仮説も有効な解決策も導き出すことはできません。**この点を決して忘れないようにしてください。

次の例についても考えてみましょう。

現場へ行く前、そのディーラーのリピート率が低下しているというデータを見て、あなたは「営業担当とユーザーの人間関係が希薄になっているのではないか？」との仮説を持ちました。

クルマのように高額な商品は、従来、営業担当とユーザーとの人間関係が重要というのが業界の常識でした。営業担当は定期的にユーザーのもとに通い、いかにリピートにつなげるかが売り上げを大きく左右する要因といわれていたからです。
そこであなたが最初に考えた「空・雨・傘」は、次のようなものでした。

●最初の「空・雨・傘」

空（事実）ディーラーの売り上げが減少している
↓
雨（解釈）営業担当との人間関係が希薄になっているのではないか？
↓
傘（解決策）営業担当との人間関係が強くなるような施策を考える

ところが、この最初の「空・雨・傘」は筋がよくありませんでした。

ヒアリングした結果、ユーザーは**営業担当の定期的な訪問そのものを嫌っていること**がわかりました。共働き世帯も増え、家族水入らずのせっかくの休日に営業担当が押しかけてくるのを、うっとうしく思っていたのです。

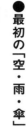

筋のいい仮説が、問題解決の成否を決める

ユーザーはクルマを買い替える際、ビジネスライクに対応する別のディーラーを選択していました。もちろん、そのディーラーは営業担当の定期的な訪問やご機嫌伺いも行っていません。

ヒアリングしたことで、営業担当との人間関係は売り上げに貢献していないばかりか、売り上げ減少の原因にまでなっていたことがわかりました。「ユーザーは濃密な人間関係を嫌っている」という意外な事実を突きつけられることになったのです。

この結果にもとづいて、あなたは顧客であるディーラーに対して、売り上げ減少という問題の解決策として顧客管理のやり方をあらためるようにアドバイスをしました。営業担当の定期的な訪問をやめ、その代わりにコールセンターを設置。専門の女

性オペレーターが電話でユーザーと話すやり方に変えたのです。
するとそのディーラーの売り上げは少しずつ回復していきました。
あらためて整理してみましょう。

●修正した「空・雨・傘」

空（事実）ユーザーは営業担当の定期訪問を歓迎していない
↓
雨（解釈）ユーザーは濃密な人間関係を求めていないのではないか？
↓
傘（解決策）営業マンの定期的訪問をやめ、コールセンターを設置する。女性オペレーターが顧客管理にあたる

ヒアリングによって、あなたはユーザーが営業担当の定期訪問を敬遠していることを知りました。

そこで「ユーザーは濃密な人間関係を嫌っているのではないか？」という解釈を仮

説として立てました。仮説とは、仮のアイデアや答えということです。

次にその仮説にもとづき、あなたはプッシュ型の訪問営業ではなく、顧客に来店してもらうプル型の店頭営業のほうが有効ではないかと考え、定期訪問の停止とコールセンターの設置という解決策を立案しました。

このケースのように、**筋のいい仮説を立てられるかどうかで、問題解決の成否が決まります**。「空・雨・傘」を使うと、**段取りがよくなり、思考のスピードも上がります**。また、相手を説得するのも楽になり、**「質×スピード」**を兼ね備えた仕事ができるようになります。

そのためには、**現場に足を運んで得る〝生《なま》〟の情報と、そこから適切に解釈して解決策を導き出すこと**がとても大事なのです。

3人にヒアリングすれば、質の高い情報を収集できる

先に述べたように、1次情報を収集するためにはヒアリングが欠かせません。ヒアリング対象として一番望ましいのは、**自社の商品・サービスを購入している顧客やユーザー**です。そのほか、**取引先や原料供給者、外注先**などへのヒアリングが有効な場合もあります。

ただし、ヒアリングが難しい場合もあります。

その場合は**商品やサービスが使われている現場や販売店に足を運んで、顧客の様子を観察**することで代替できます。そこにいる顧客・ユーザーに、さりげなく声をかければ貴重な意見や情報を収集することができます。

このとき、「何人ぐらいにヒアリングすればいいのか？」と思う人がいるかもしれません。私の経験からいうと3人に的確なヒアリングができれば、かなり質の高い情

報を集めることが可能です。

実際、ユーザビリティ研究の第一人者であるヤコブ・ニールセン博士の分析によると、3人のユーザーにテストを行えば、解決すべき課題の約70％を見つけることができ、5人だと約85％は見つけられる、ということがわかっています。同様にヒアリングも、最低3～5人に行えば、必要な情報を得ることができるのです。

彼によれば、最大15人で、100％の発見とのことなので、15人以上のヒアリングをやっても、同じ結果になる可能性が高くなるということです。


インドの有名な説話に『7人の目の不自由な人と象の物語』というものがあります。

この物語では、7人の目の不自由な人が象に出合います。

象の耳に触った人は「象は大きな葉っぱだ」と言いました。足に触った人は「いや、木の幹に違いない」、しっぽに触った人は「太いロープだ」、わき腹に触った人は「壁だ」、鼻にさわった人は「蛇だ」、口に触った人は「カバンだ」、牙に触った人は「槍だ」と口々に違うことを言いました。

蛇だ！
大きな
葉っぱだ！
槍だ！
壁だ！
カバンだ！
太い
ロープだ！
木の幹だ！

皆さんならおわかりになると思います。

これらの解釈はいずれも**「部分」であって、「全体」ではありません**。一人ひとりは「事実」を伝えているつもりでも、誤った情報をつなぎあわせているかぎり「象の全体像」には程遠いものでしかないのです。

このように、**誤った認識からは誤った答えしか出てきません**。仮に、この象が道をふさいでいて、象をどかさなければ前に進めないとしても、この7人からは「解決策」は出てこないでしょう。

象の例が示唆しているように、最初にすべきことは**象の全体像を見ることができる良質の情報をつかむこと**です。そして、その象が道をふさいでいることを把握すること、つまり**「現在の状況の全体」**を見ることです。

ヒアリングの際は目の前で起こっている事象、先の自動車販売ディーラーの例でいえば売り上げの減少に直接的に対処するだけではなく、**「なぜ、そのような事象（売り上げの減少）が起こったのか？」「本来、どのようであれば、その事象は起きないのか？」**という問題の本質にまで掘り下げる必要があります。

そうして**「本当の問題・課題は何か」**を明らかにすることで、確度の高い仮説を立てることができ、問題を解決する具体策も的を射たものになります。そうでないと手の打ち方が甘くなり、真の問題解決につながりません。

5W1Hで本質に迫る

ヒアリングの際、実際の質問として使いやすいのは、**「5W1H」**の問いです。

5W1H

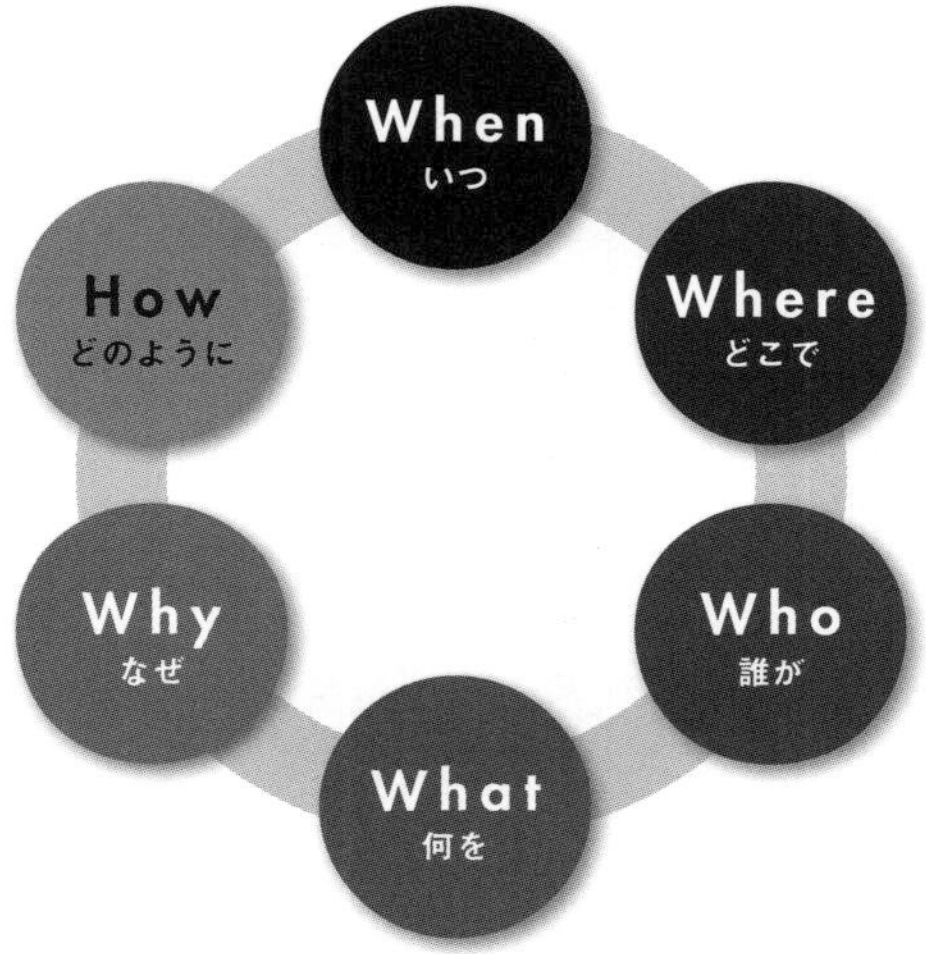

インタビューを単なる情報の収集・蓄積に終わらせないためには、**「Who」（誰が）「When」（いつ）「Where」（どこで）「What」（何を）「Why」（なぜ）「How」（どのように）**というところまで、質問を投げかけるべきです。

たとえば、先のディーラーの例では、左ページのような問いを投げかけます。

こうした問いを投げかけることで、**「何が起こっているのか？」「起こっていることの本質は何か？」**に迫ることができます。

その結果、ユーザーが営業担当の定期的な訪問を望んでいないことがわかり、「ユーザーは濃密な人間関係を好ましく思って

Who（誰が）	どんなユーザーがクルマを購入するのか？
Why（なぜ）	なぜユーザーは、このディーラーでクルマを購入したのか？ なぜ買い替えの際に、このディーラーで購入しなかったのか？
What（何を）	ユーザーは、どの車種を購入したのか？ ユーザーは、このディーラーに何を求めているのか？
When（いつ）	どうして、この時期に購入したのか？ いつまでに購入する予定なのか？
Where（どこで）	購入したクルマを、どこで使うのか？
How（どのように）	クルマを購入することを、どのように決めたのか？ 誰かが独断で決めたのか、家族会議を開いたのか？

いないのではないか」という筋のよい仮説を立てることが可能になります。

このケースでは、あなたは「顧客であるディーラーの売り上げが下がっているから、そのお客さんのところへ行ってヒアリングしてみよう」と考えました。このように目に見える事象（物事）について対処したり、解決策を考えたりすることは、**「リアクト（反応）型」**の思考です。つまり、**顕在化した問題に対して原因を追求し、解決策を打ち出す**わけです。

これに対して、**「そもそも、どうしたいのか？」「本来あるべき姿は何か？」**というように自分で仮説を立てて**「顕在化・表面化していない問題」**に取り組むのは、**「プロアクティブ（率先）型」**の思考です。

仕事のデキる人は、常にプロアクティブ型で問いを立てていることを覚えておきましょう。

第2章

真の問題をあぶり出す「So What?」「Why So?」

「因果関係」と「相関関係」の違い

ビジネスに限らず、世の中で起こっている現象には必ず何らかの原因があります。ところが、その現象をもたらしている本当の原因を探らずに、目の前にある問題や、現象だけで判断してしまうと問題は解決しません。かえって問題を深刻化・複雑化させてしまう可能性もあります。

問題解決で必要なのは、ある現象の解釈について、**「本当に、そうなのか？」と疑うこと**です。

「そもそも真の問題は何か？」「そもそも何が原因なのか？」「そもそも、どうしたいのか？」

このように自分自身に問いかけながら、**創造的かつ論理的に「真の問題」をあぶり**

出さなければいけません。そして**「イシュー」（issue）**を特定する必要があります。

イシューとは、一般的には「論点」「課題」「問題」などと訳されますが、問題解決においては、論理を構造化する際に、その場で「何を考え、論じるべきか」を指します。本書では問題解決のカギとなるという意味も込めて**「もっとも重要な課題」**と定義します。

「イシューを特定する」場合は、「何を考えるべきか？」「相手の関心事は何か？」を熟考し、「考え、論じる目的」を押さえる必要があります。

もしイシューの特定が見当はずれだったとしたら、どんなに精緻《せいち》に論理を組み立てても意味がありません。

そのため、イシューを特定する際は、**物事の「因果関係」を見極める**ことが大切です。

因果関係とは、**「原因」と、その原因がもたらす「結果」のこと**で、Aという原因があったから、Bという結果になったと見なせる関係を指します。

因果関係とよく一緒に使われる言葉として「相関関係」があります。この2つは似ていますが、意味合いは違います。混同しないように注意しましょう。

2つの違いを表すと、次のようになります。

因果関係――**結果に対して直接の要因となっている関係**
相関関係――**結果に対して関連性があり、要因となっている可能性もあるが、直接の原因とは断定できない関係**

たとえばAという現象とBという現象に、「Aの数値が上昇したらBの数値も上昇する」というような何らかの相関関係があったとしても、単純に「Aの数値の上昇が原因となってBの数値が上昇している」とはいえません。

相関関係があるからといって、因果関係があるとは限らないのです。

原因と結果を明らかにすれば解決策が見えてくる

たとえば、「雨の日に電車が遅れやすい」という現象があったとします。「雨の日」と「電車が遅れやすい」は因果関係なのか、相関関係なのか、あるいはまったく関係がないのか、考えられる要素を書き出してみます。

次の1～4について考えてみましょう。

❶ 雨の日は電車がスピードを出せない
❷ 雨の日は乗客が増え、いつもより乗り降りに時間がかかる
❸ 雨の日は傘などの荷物が増えて、乗り降りがしにくくなる
❹ 雨の日は駅構内やホームを走れないので、電車に乗り遅れる人が多い

この段階では、「これが雨の日に電車が遅れる理由だ。これを改善すればいい」という「イシュー」は見つけられません。

そこで次に、これらの要素を**「So What?」（だから、何？）「Why So?」（それは、なぜ？）**というフレームワークを使って掘り下げてみます。

「So What?」（だから、何？）は、ある現象が起きた際、そのことが起きたために、どんな結果になったかを問うものです。

一方、**「Why So?」（それは、なぜ？）は、ある現象が起きた際、そのことが起きた原因は何だったかを問う**ものです。このようにして原因と結果を明らかにすることで、解決策が見えてきます。

では、1の「雨の日は電車がスピードを出せない」に、「So What?」（だから、何？）「Why So?」（それは、なぜ？）という問いを投げかけてみましょう。

雨の日は電車がスピードを出せない
←「So What？」（だから、何？）
普段より到着に時間がかかっている
←「Why So？」（それは、なぜ？）
乗客が多くなるので、スピードを出せないのかもしれない
←

しかし、これでは自分がそのように思っている（乗客が多くなるので、スピードを出せないのかも）というだけで、因果関係（原因→結果）があるとはいえません。

つまり「雨の日は電車が遅れやすい」という現象に対して「雨の日は電車がスピードを出せない」は相関関係にあったとしても、因果関係があるとはいえないわけです。

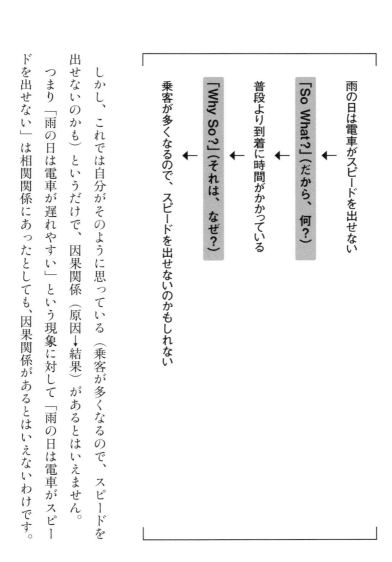

実際、大雨や台風のときなどに速度規制が出されることはありますが、通常の雨なら、本来のスピードで運行しています。電車そのものがスピードを出せないから遅れているのではなく、**何か別の要因があってダイヤが乱れている**と考えられます。

「So What?」（だから、何？）「Why So?」（それは、なぜ？）という問いを投げかけていって、どこかで行き詰まる（右記の場合、「乗客が多くなるので、スピードが出ないのかもしれない」）のは、そこに**問題解決につながるイシューや仮説が立ち上がっていない**ことを意味しています。

「なぜ」を繰り返すことで真の原因にたどり着く

では次に、2の「雨の日は乗客が増え、いつもより乗り降りに時間がかかる」という要素を見てみましょう。

雨の日は乗客が増え、いつもより乗り降りに時間がかかる

←

「Why So?」（それは、なぜ？）

←

普段は徒歩や自転車で通勤・通学している乗客が、電車を利用する。
遅れを見越した乗客が、普段より早く乗車しようとする

←

「So What?」（だから、何？）

←

雨の日は乗客が増えるうえに、傘などの荷物が増えて乗り降りに時間がかかる

←

「So What?」（だから、何？）

←

乗客の乗り降りに時間がかかることで停車時間が長くなり、
電車の遅れが発生する

この場合、矢印でつないでいった要素が、どれも互いに相関し合っており、さらに「雨の日は電車が遅れやすい」という現象の直接の「原因と結果」につながっています。

このように、「So What?」（だから、何?）「Why So?」（それは、なぜ?）という因果関係を意識することで、**格段に思考がシャープになり、問題解決のスピードもアップする**わけです。

仮にマッキンゼーの出身者に、「マッキンゼーのフレームワークでもっともよく覚えているものは?」と聞けば、おそらく100人中100人が**「So What?」（だから、何?）**を挙げると思います。

実際、マッキンゼーに入社した瞬間から、すべてのメンバーが「So What?」（だから、何?）を徹底的に叩き込まれます。

それこそ、寝ても覚めても「So What?」（だから、何?）で、クライアント（顧客）に対してはもちろん、社内でも「So What?」（だから、何?）を常に意識したアウトプットや報告、プレゼンテーションが求められます。

なぜなぜ分析

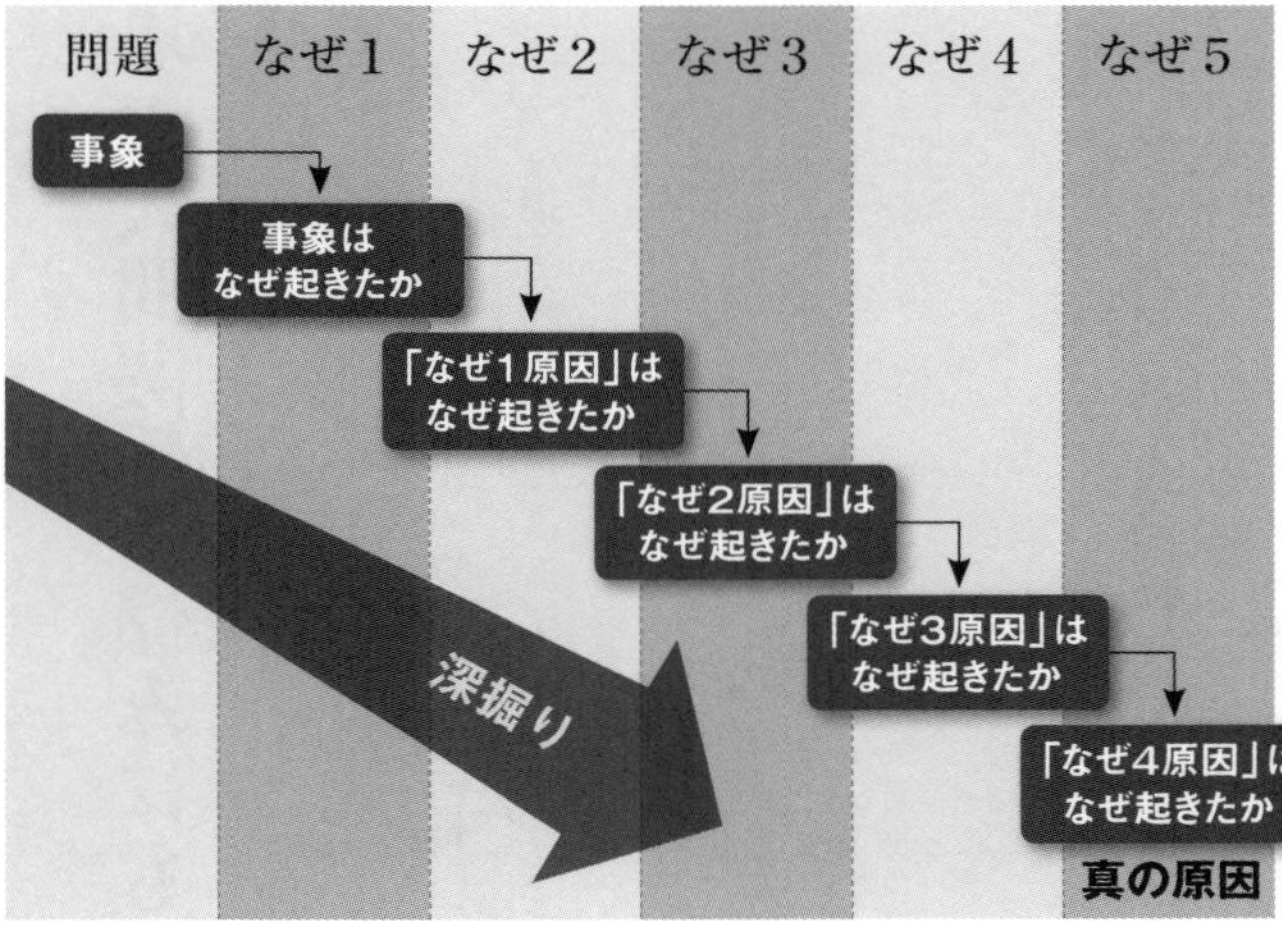

しかし、これは何もマッキンゼーだけではありません。

たとえば、自動車の国内トップメーカーのトヨタ自動車にも、**「なぜなぜ分析」**と呼ばれる、**「なぜ」を5回繰り返す**手法が根付いています。

「なぜ」「なぜ」と繰り返し問うていくことで、問題の本質をあぶり出し、真の原因を明らかにすることができるからです。

職場の人間関係の悩みにも応用できる

ほかのフレームワークと同様、「So What?」（だから、何?）「Why So?」（それは、なぜ?）はさまざまな応用が可能です。

たとえば、あなたが「上司との人間関係に悩んでいる」と仮定して、「So What?」（だから、何?）「Why So?」（それは、なぜ?）を使って、次のように整理してみましょう。

上司との人間関係に悩んでいる
←
「So What?」（だから、何?）

← 上司から重要な仕事を任せてもらえない

← 「Why So ?」（それは、なぜ？）

← 上司に誤解されている

← 「Why So ?」（それは、なぜ？）

← 上司とコミュニケーションがうまくとれていない

← 「Why So ?」（それは、なぜ？）

← 上司に、物事をきちんと伝えられない

← 「Why So ?」（それは、なぜ？）

← 上司の怒りを買いたくない。組織の中で不調和を起こしたくない

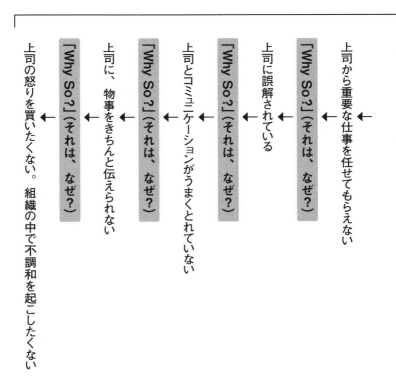

このように、「So What?」（だから、何？）「Why So?」（それは、なぜ？）を使って状況を整理してみると、「上司に、物事をきちんと伝えられない」という課題が浮かび上がりました。

イシューがわかれば、問題解決に一歩近づく

問題が見えてくれば、それだけで解決に一歩近づいたといえます。**隠れていた「イシュー」（もっとも重要な課題）を浮かび上がらせ、解決すべき課題に変えてしまうことで、問題解決が容易になる**のです。

先ほどの例で考えれば、「なぜ、上司にきちんと伝えられないか？」というと、自分の心の中で「上司の怒りを買いたくない」「組織の中で不調和を起こしたくない」という気持ちが強かったからです。

つまり、上司に怒られたり嫌われたりするのを恐れるがあまり、伝えるべきことをきちんと伝えられていないという問題が起きていることがわかります。

また、組織の中で不調和を起こすくらいなら、黙っていたほうがいいという判断も加わり、物事をきちんと上司に伝えられなかったことも浮かび上がります。

「不調和を起こしたくない」という、自分に課した「心の枷《かせ》」がそもそもの課題だとわかってきました。であれば、この「不調和を起こしたくない」というマインドをどうしたらいいかを、深掘りしていけばいいわけです。

本物の問いは物事の本質をあぶり出す

ここまでは、ビジネスシーンでの例をもとに考えてきましたが、**「So What?」（だから、何？）「Why So?」（それは、なぜ？）は、もちろん仕事以外の場面でも使えます。**

たとえば、友人から「英会話をマスターしたいんだけど、Aという外国語学校がいいか、Bという個人レッスンがいいか、どちらがいいと思うかあなたの意見を聞かせて」と相談されたとしましょう。

この場合、「Aの外国語学校へ行くか、Bの個人レッスンを利用するか」が問いになっていますが、このままでは真の課題は見えていません。なぜなら、友人が「何のために英会話をマスターしたいのか」がわからないからです。

これは「ニセモノ」の問いです。仕事の場面でも、何らかの「問い」が投げかけられたら、その**問いが本物であるかどうか見極める習慣をつけておきましょう**。本物の問いは、物事の本質をあぶり出し、適切な判断につながります。そのまま無条件に、その「問い」について考え始めると、余計な時間を費やしてしまうことになりかねません。

では、あなたは友人に、「So What?」（だから、何？）「Why So?」（それは、なぜ？）を使って質問をしていきましょう。

英会話をマスターしたい

←

「Why So?」(それは、なぜ?)

←

ネイティブとも、うまくコミュニケーションをとりたい

←

「Why So?」(それは、なぜ?)

←

海外支社で働きたいと思っている

←

「So What?」(だから、何?)

←

海外勤務の経験を積み、自分のキャリアパスに役立てたい

「英会話をマスターしたい」という願いの背後には、**「海外支社で働きたい」という本当の目的**がありました。英会話をマスターできるのであれば、実は「Aという外国語学校」にも「Bという個人レッスン」にも、こだわる必要はありません。

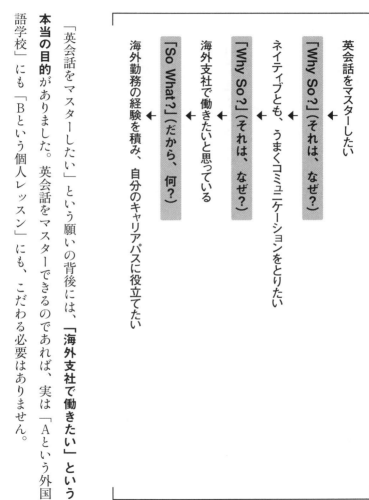

その後の会話で、友人が勤めている会社には1年間の海外留学制度や、もっと短期の留学制度があるとわかりました。場合によっては、そうした制度を利用して英会話のスキルを上げるという方法も考えられます。留学先でいろいろと経験や見聞を積めば、海外転勤にもプラスに働くかもしれません。

このように**問いを投げかけることで、相手が気づいていない別の選択肢を提案することも可能**になるのです。

解決したいなら現象から目をそらさない

別の事例でも考えてみましょう。

あなたは上司から、「商品Aの売り上げが下がっている。原因を突き止めて解決策を出してほしい」と指示されたとします。では、これまでと同様、「So What?」(だから、何?)「Why So?」(それは、なぜ?)を使って、この問題に取り組んでみましょう。

まず、「商品Aの売り上げが落ちた」という現象があります。

やりがちな間違いは「商品Aの売り上げを上げよう」という結論を出して、「解決策を考えた」とするものです。これは**同語反復**にすぎず、解決策でも、何でもありません。

また、「So What?」（だから、何?）「Why So?」（それは、なぜ?）のフレームワークを使ったとしても、次のようなケースに陥ることもあります。

商品Aの売り上げが落ちた

↓

「Why So?」（それは、なぜ?）

↓

営業担当に商品Aを売ろうとする気がない

↓

「So What?」（では、その対策は?）

↓

営業担当に頑張ってもらう

この場合、問題点の「営業担当に商品Aを売ろうとする気がない」ので、その現象を反対にして考え、「頑張って売ってもらう」と結論づけただけで、どうやったら営業担当のモチベーションを上げられるのかという視点が欠落しています。

結局、**現象を反対にしただけでは対策にはなりません**。本当は、真の原因に対する解決策が求められているのに、現象に目をふさいでしまっているのです。

具体策に落とし込めるまで、問いを掘り下げる

この問題は、もう少し掘り下げて考える必要があります。

商品Aの売り上げが落ちているといっても、すべての営業所で落ちているわけではありません。

さらに、「どこで売り上げが落ちているのか?」という視点で、もう少し具体的に調べてみると、「地方での売り上げの落ち込みが激しい」ということがわかりました。

商品Aの売り上げが落ちた
　↓「**Why So?**」（それは、なぜ？）
どうも地方での売り上げの落ち込みが激しい

こうして、地方での売り上げダウンが商品A全体の売り上げ減少を招いていることがわかった結果、その対策として「地方へのテコ入れ策が必要」ということが浮かび上がりました。

では、**対策が具体的になるように、さらに掘り下げていきましょう。**

なぜ地方では売れていないのか？……「**Why So?**」（それは、なぜ？）
　↓
営業活動の効率がどうもよくない
　↓

どうして営業効率がよくないのか？……「Why So?」（それは、なぜ？）

↓

営業担当が商品Aを売っていない

↓

どうして商品Aを売らないのか？……「Why So?」（それは、なぜ？）

↓

営業担当が商品Aを売っても、インセンティブが少ない

ここまで掘り下げて、ようやく具体的な解決策につながる問題点が見えてきました。

つまり、「**営業担当が商品Aを売った際のインセンティブを手厚くする**」ことが解決策になるかもしれないと気づくことができました。

広い視野で抜かりなく検討する

もっとも、地方の営業担当が商品Aを売ることに積極的でない理由はわかりましたが、都市部の営業担当が同じ商品Aを積極的に売っている理由がわかりません。

確認すると、都市部では商品Aの売り上げは横ばいを維持しています。

あなたは不思議に思うはずです。インセンティブの体系は、どの地域も同一なので、都市部の営業担当が商品Aを売っても、得られるインセンティブは地方と変わりありません。

では、なぜ都市部の営業担当は、積極的に商品Aを売っているのでしょうか。

その疑問を解消するために調査を継続しましょう。さっそく都市部の営業所を訪問し、商品Aが売れている理由を聞き出します。

すると、都市部では**商品Aと商品Bとのセット販売**を行っていることがわかりました。商品Bは粗利が大きくインセンティブも手厚いため、営業担当は積極的にセット販売に取り組んでいたのです。

都市部では商品Aが売れている
↓
営業効率がいい
↓
どうして営業効率がいいのか？……「Why So？」（それは、なぜ？）
↓
商品Aと商品Bとのセット販売を行っている
↓
どうしてセット販売に取り組んでいるのか？……「So What？」（だから、何？）
↓
商品Bの手厚いインセンティブが得られる
↓
地方での対策は？……「So What？」（だから、何？）
↓
地方でも商品Aとほかの商品とのセット販売を行う

しかし、新たな課題も見つかりました。**商品Bは都市部の顧客向け商品**であるため、**地方で商品Aと商品Bをセット販売しても状況を好転させられるとは限らない**のです。むしろセット販売によって商品Bを押し付けているような印象を与え、さらに顧客が離れてしまうといったことも懸念されます。そのため、あなたは**地方の顧客向け商品である商品Cをセット販売**することを検討。上司に現状を報告するとともに、その解決策として地方でのセット販売を提案しました。

このように、フレームワークにそって適切に考えていかないと、「商品がイマイチだから、売れていない」「商品の仕様が競合に負けていえるから、どうにかしなきゃいけない」「競合は販売促進を積極的に打っているから、ウチも負けないようにPR費や広告宣伝費の予算を増やそう」などの考え方に陥ってしまいます。

どんなにお金をかけて新たなプランを作成し、それを実行したとしても、**真の原因がわかっていなければ**、まったく効果はありません。

「So What?」「Why So?」のフレームワークは**自分が幅広い視野で、物事を抜かりなく検討しているかどうかを確認する**ためのものでもあるのです。

第3章

問題解決策を体系的に検討する「ロジックツリー」

問題が解決しないのは、背景や構造が明らかになっていないから

本章では皆さんが抱えている、**さまざまな「問い」「課題」に対して、それを解決するために何をしなければいけないか、どのような思考・行動をすればいいのか**を見ていきます。

ビジネスシーンでも日常生活でも、**問題がなかなか解決しないのは、問題の背景や構造が明らかになっていない**ことが原因のひとつに挙げられます。

たとえば、ある企業で「残業が多い」という課題があったとして、短絡的に「『ノー残業デー』をつくろう」という解決策を考えたとします。

この解決策で効果が出る場合もありますが、本当の問題点や問題の構造を把握していないと、「今日はノー残業デーだから残りは明日に回して、明日、残業しよう」「今

日は残業ができない日だから、仕事を持ち帰って自宅で仕上げよう」など、ほかの日の残業やサービス残業が増えるだけといったケースも見られます。

人員に対して仕事の絶対量が多ければ、残業時間を減らすことは容易ではありません。みかけ上の残業時間が減っても、1人あたりの仕事量は変わらないからです。

この場合、増員を図るなり、仕事の絶対量を減らすなりしなければ、「残業が多い」という課題は解決しないでしょう。つまり、**「残業が多い」原因を徹底的に洗い出したうえで、解決策を考えるべき**なのです。

こうしたケースで、**問題や課題を体系的に「漏れなく、ダブリなく」分解・整理をし、根本的な原因と具体的な解決策を発見するために有効なフレームワークが「ロジックツリー」**です。

次の例でも考えてみましょう。

「このクルマを買うべきか？」「この人と結婚すべきか？」といった「問い」を立てた場合、皆さんなら、どのように思考を進めていくでしょうか。

「このクルマはスピードとハンドル操作は抜群なんだけど、デザインがイマイチだな」「あの人はまじめで誠実なんだけど、一緒にいても面白くない」といった具合に、いろいろ思いついたものをチェックしていくかもしれません。

これが趣味の話や友人との他愛ない会話であれば、特に問題はありません。ただし、事業や人生を左右するような重要な意思決定だったり、大きな投資を決断しなければいけなかったりする場合、**思いつくまま、ランダムに検討していくのはリスクが大きく、効率もよくありません。**

重要なのは「漏れなく、ダブリなく」必要なことがらを網羅することですが、ランダムな思考では、本当に必要な検討すべき項目を「漏れなく、ダブリなく」リストアップすること自体が難しいのです。

そして、もしリストアップから**漏れていた項目が、重要な内容だったとしたら、適切な判断や意思決定をすることが難しくなります。**

序章のMECEの説明でも述べましたが、**「漏れなく、ダブリなく、すべてを網羅する」ことが問題解決には欠かせない**のです。

大きな問題を小さな要素に分解する

では、「ロジックツリー」を使って具体的に考えていきましょう。ロジックツリーとは、**前提となる事象を含んだ大きな問題を、その問題につながる2つ以上の要因（小さな問題・要素）に細かく分解していくためのフレームワーク**です。

文字通り、大きな木の幹から、たくさんの要因が枝分かれしていくので、ロジックツリーと呼ばれています。

ロジックツリーを使って「掃除機の購入」を検討する場合を考えてみましょう。ロジックツリーでは、次ページの図のように分解することができます。

集合住宅に住んでいる人の場合、静音性能の高さを重視するかもしれませんし、女性であれば重さや操作性にこだわるかもしれません。また、ペットを飼っている人で

掃除機検討のロジックツリー

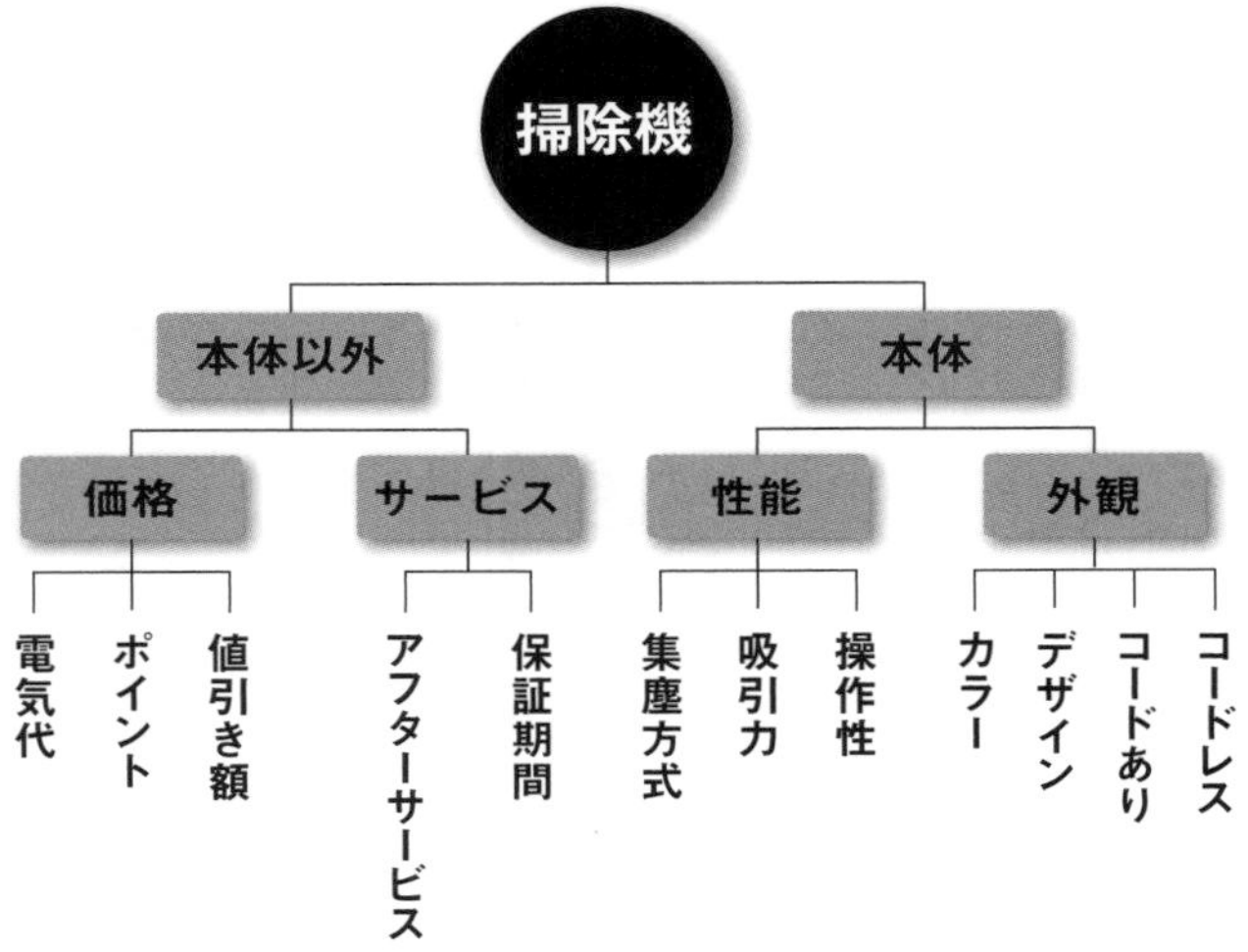

あれば、動物の毛を吸い取れるかどうか(吸引力)に注目するかもしれません。

上図では主な検討項目で分解しましたが、ロジックツリーをさらに詳しく分解していけば、操作性の下の階層に重量や静音性、集塵方式の下の階層にサイクロン式や紙パック式などと、細かく分けることができます。

一番関心の高いものだけを判断基準として購入する掃除機を決めてしまうと、後になって、「こんなに重かったのか」「紙パックの交換が面倒」「階下の住人からの苦情が不安で、深夜は使えない」と後悔することになります。

そうならないためにも、**「ロジックツリー」で小さな要素に分解**し、購入するための必要条件を細かくピックアップしてみましょう。

ロジックツリーを使えば「思考の失敗」を防ぐことができる

引き続き、「掃除機の購入」の例で考えていきます。

ロジックツリーでは、最初に「本体」と「本体以外」に分け、次の階層で本体を「外観」「性能」に、本体以外を「サービス」「価格」に分けています。「本体以外」という項目を立てたことで、「保証期間」「アフターサービス」「値引き額」といったことまで目配りすることができています。

つまり、ロジックツリーを使うことで、**判断のときに陥りがちな「思考の失敗」を防ぐことができる**わけです。

「自分の経験と勘だけで判断して失敗した」「重要な検討項目が抜けていたことに気

づかず、失敗した」「重要だと思っていたことが、そうでもなく、リサーチやアンケート調査に無駄な時間を費やした」「目の前のことだけにとらわれてしまい、全体が見えていなかったために失敗した」などは、意思決定時のよくある失敗例ですが、こうした失敗はロジックツリーを使って考えることで、事前に防ぐことが可能です。

魚をさばくときには包丁とまな板などの調理用具、家を建てるときはノミやカンナなどの大工用具が必要なように、問題を解決する際は「ロジックツリー」などの思考の道具（フレームワーク）が欠かせないというわけです。

注意その①：「漏れなく、ダブりなく」分解する

問題や対象を分解してロジックツリーをつくる際、注意しなければいけないことが3点あります。

1点目は、**「漏れなく、ダブリなく」分解する**ことです。特に問題・対象を詳細に検討するために「絶対に外せない要素」を、きちんと押さえておく必要があります。

たとえば、顧客を首都圏在住とそれ以外で分解すれば、漏れやダブリもありません。

また、年齢で分解する場合も同様です。

ところが、顧客を「アウトドア好き」と「登山好き」に分解するのは、漏れやダブリがあります。

なぜなら、「登山」は「アウトドア」の中に含まれるのでダブっていますし、「アウトドア好き」の中には「釣り好き」「マリンスポーツ好き」「旅行好き」なども含まれるため、「アウトドア」と「登山」を同じ階層で分けることができません。

別の例でさらに考えてみましょう。

ある工作メーカーで不良品が発生したとします。不良品が発生した理由を突き止めるために、製造工程ごとに分け、A工程・B工程・C工程に分解して分析しようと試みましたが、これだけでは「真の原因」にたどり着けないかもしれません。

なぜなら、これではA工程でつくったものをB工程が受け取り、B工程でつくったものをC工程が受け取るといった「受け渡し」の工程が抜けているからです。

A工程からC工程にたどり着くには、実際には、次ページの図の下段のようなプロセスになっています。

A工程では指示書に従った部品をつくっており、B工程では、その部品を使って、やはり指示書に従って組み立て作業をしていました。C工程も同様に、B工程の部品を使って組み立て作業をしていました。

このとき、A工程とB工程とC工程を個別に分析しても、不良品が発生した理由はわかりません。

そこでA→B、B→Cの「受け渡し」の工程も含めて調査した結果、A工程ではサイズが微妙に異なる部品もつくっており、B工程の「部品箱」に入れる際に、違うサイズの部品が混入していたことがわかりました。

つまり「受け渡し」の工程でミスが発生していたわけです。

そこでミスを防ぐために、部品箱そのものを分け、部品が混入しないような工夫を施すことにしました。

ある工作メーカーの製造工程

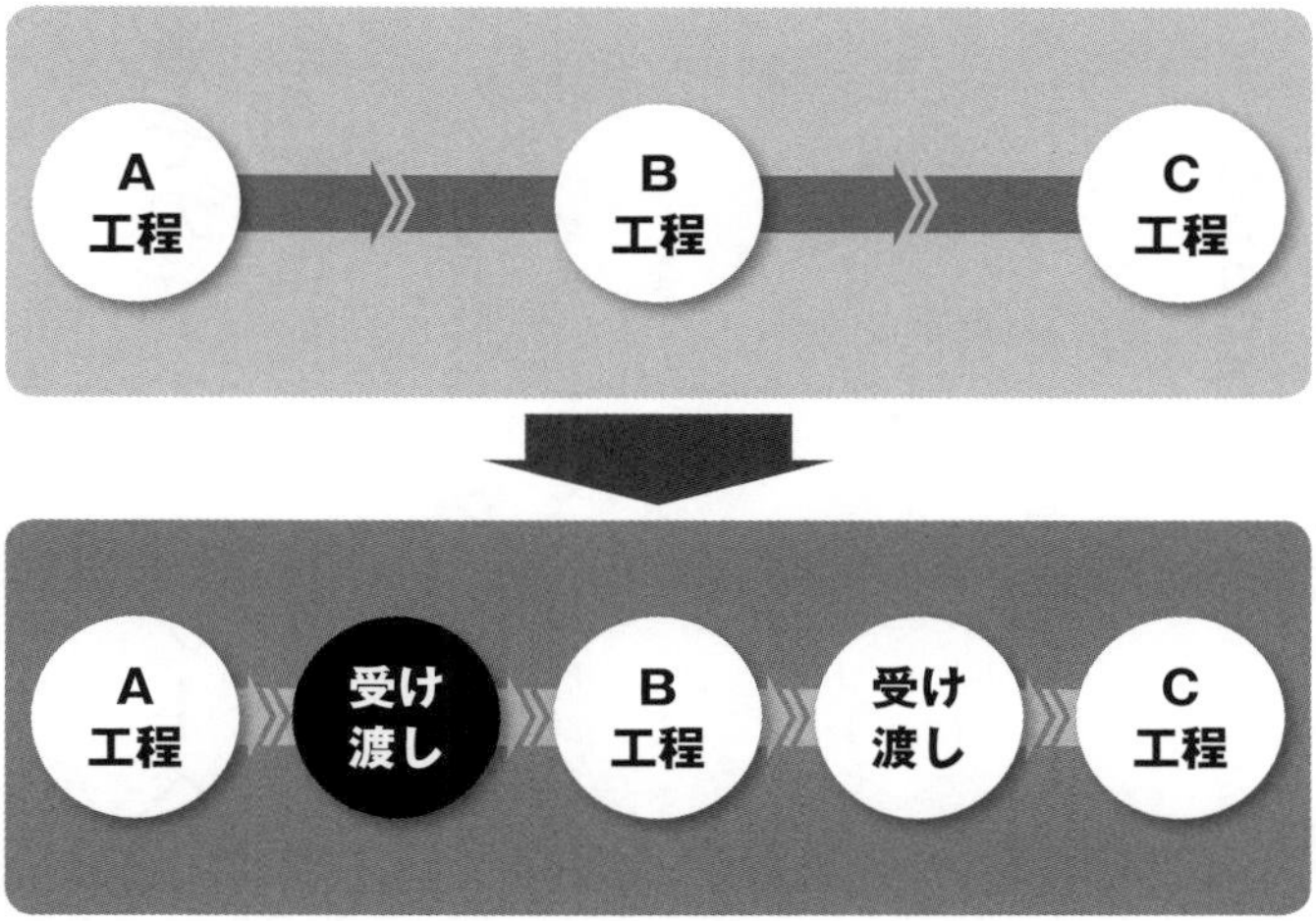

ロジックツリーで漏れやダブリがあると、解決策の効果が弱くなったり、やり直しになって時間のロスになったりするので、**常に「漏れやダブリがないか」と考えるクセをつけましょう。**

ただし、「漏れなくダブリがない」ことを目的にしないこと。目的はあくまでも問題解決です。そのためには、**ダブることより、漏れないことのほうが重要**です。なぜなら、漏れた点に問題の原因が隠れていたとしたら、「真の原因」を発見することはできなくなるからです。

漏れないことを重視して、分析を行いましょう。

注意その②：ファクトベースで分析する

2点目は、**「ファクト（事実）ベースで分析する」**ということです。問題解決といっても、どうしても人間の行うことなので、「感情」「好み」「こだわり」などが入ってしまいがちです。

ライバル会社であるコーヒーショップチェーンの売り上げ増加に危機感を覚えた上司が、部下AとBに、それぞれライバル会社のショップの調査を命じたケースで考えてみましょう。調査を終えた2人は、次のように報告してきました。

●Aの報告

平日は空《す》いていましたが、土日・祝日は混んでいました。その結果、待ち時間も長くかかりました。客単価も土日・祝日のほうが高いように思われました。コーヒー自体の味はビターで、おいしかったです。

●**Bの報告**

平日の客数は1日あたり、各店平均で240人あまり。土日・祝日は340人あまりと1・5倍に増えていました。待ち時間を観察すると平日は数分ですが、土日・祝日は10分程度かかっています。

利用客は、どの店舗も20〜30代が7割以上でしたが、郊外の店舗に限っては、60歳以上が半分以上を占めていました。

どちらがファクトにもとづいた報告であるかは一目瞭然です。

Aは、それなりに調査に時間をかけたかもしれませんが、「事実にもとづかない感想」ばかりで、その報告に価値はありません。

同じ現場に足を運び、同じようなデータを集めたとしても、**そこで起きていることを、どのように認識し、どのように報告するか**で大きな違いが生まれています。

Ｂの報告のように、**主観を排して、極力、客観的・中立的なデータ**を拾ってくることが大切なのです。それがその後のリサーチやイシュー（もっとも重要な課題）の検証、解決策のクオリティー（質）まで左右します。

上司は当然ですが、「なんとなく空いていた」「客単価は土日・祝日のほうが高いように思われた」「コーヒーがおいしかった」といった「意見」ではなく、**数字の裏づけのある「事実」を求めています。**

事実がないと、正確な状況判断ができませんし、有効な解決策も出てきません。もし**意見を伝えたいのであれば、「事実」を示したうえで意見を述べればいい**のです。

もちろん、自分の心で感じたことのすべてを押しつぶす必要はありません。ただ、それ自体は自分視点の主観でしかないことを忘れないようにし、あくまでも**客観的な「事実」で裏づける**必要があります。

こうした姿勢を貫けないと、問題解決にあたっても、ほとんど価値のない意見の羅列で終わってしまいます。

もっとも、事実を報告すれば、たいていの上司は「君なら、どんな手を打つ?」と聞いてきますから、そのとき意見を伝えればいいわけです。

さらに、このときに、**事実にもとづいたイシューを指摘することができれば、上司から信頼を寄せられる**可能性も大きくなります。

繰り返しになりますが、フレームワークを使用する際にその土台となるのは、「意見」ではなく、あくまで「事実」です。当然、**ロジックツリーも事実から出発しなければなりません。**

注意その③:重要度の低いことは掘り下げない

3点目は、「**重要度の低いことを深く掘り下げない**」ことです。

ロジックツリーで問題を分析していくと、いろいろな要因に枝分かれしていきます。その要因の中には検討してもあまり意味がないものも含まれています。

一方で、**ロジックツリーで問題を分析することで、問題構造の全体を俯瞰《ふかん》して重要度の大小を見ることができます**。そのため、思い込みや勘で重要度が低いものの検討に時間をかけてしまうことを防ぐことができます。

一般論として、すべての問題を一度にまとめて解決することはできません。**重要度の低いものに惑わされないように注意し、解決に取り組む優先順位を決める**必要があります。

「重要度」「緊急度」「拡大傾向」の3つの視点で優先順位を決める

では、どの問題から手をつけるか、優先順位をつける際のポイントについて考えていきましょう。一般的に、優先順位をつける際は**「重要度」「緊急度」「拡大傾向」の3つの視点で問題を比較検討**します。

重要度	問題の及ぼす影響の範囲と大きさのこと。個人よりも部門、部門よりも全社にかかわる問題のほうが重要
緊急度	時間を置かず、早急に手を打つ必要があること。緊急度が高い問題は、時間の経過とともに解決が難しくなる
拡大傾向	時間の経過とともに、問題の範囲や深刻さが拡大すること。放置してしまうと重大な事態に発展しかねない

これ以外にも**コストや再発性**（放置しておくと何度も起きてしまうこと）を重視して問題に対応する場合もあります。また、**組織やケースによって評価基準を変える必要もあるでしょう。**

優先順位をつける際の流れについて、次の例で考えてみましょう。

ある不具合が発生してその原因と思われるものが3つ、見つかったとします。その3つの原因を同時に解決することができない場合、重要度・緊急度・拡大傾向について評価点をつけて比較検討します。

	原因A	原因B	原因C
重要度	○	○	○
緊急度	△	○	×
拡大傾向	○	×	△
結果	5点	4点	3点

今回は、○を2点、△を1点、×を0点として、比較していくことにします。

この場合は、まずもっとも点数の高い原因Aの問題に取り組み、次いで原因B、原因Cという順番で問題解決を図ることになります。

ただし、重要度や拡大傾向より**緊急度のほうを優先するなら、緊急度の高い順番に原因B、原因A、原因Cという順で取り組むべき**でしょう。

点数の高さで判断するのか、3つの要素を比較して判断するのかは、そのときの問題がどのようなものかで変わってきます。

まずは3つの視点を大切にしましょう。

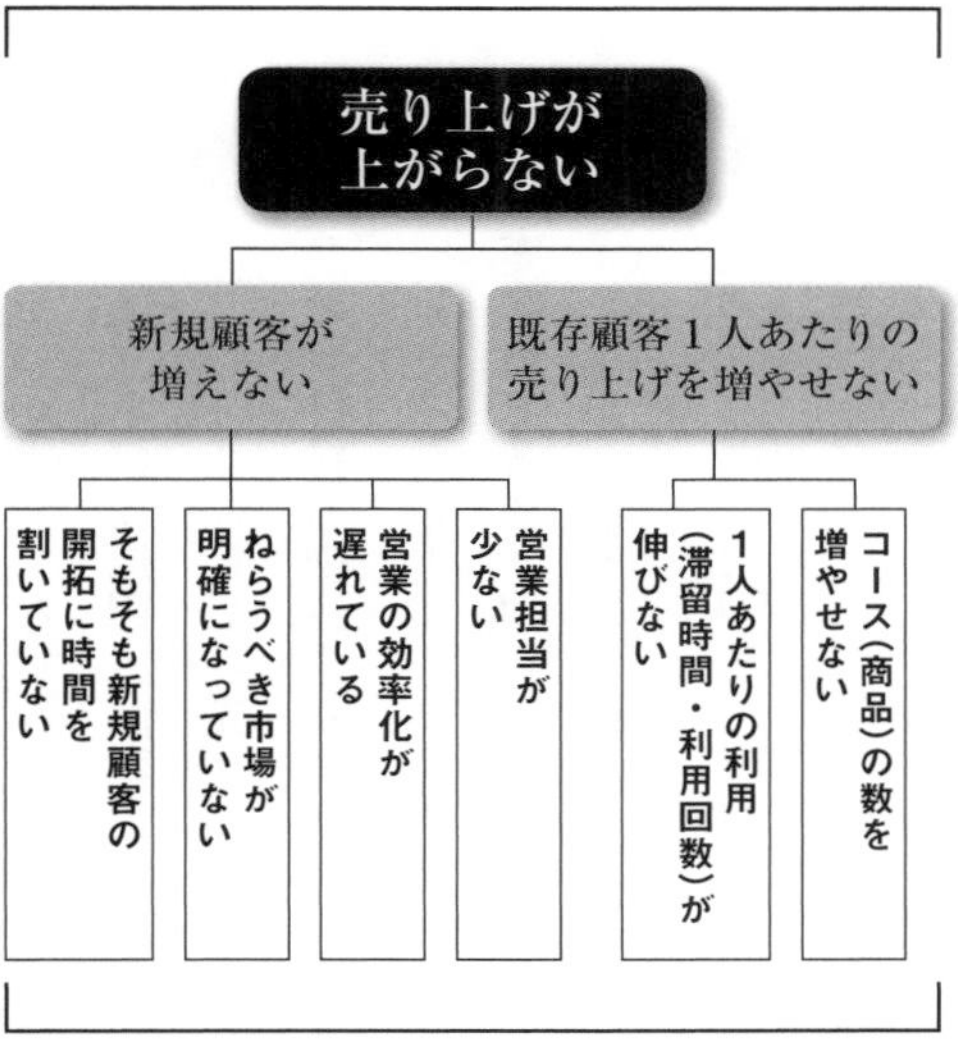
売り上げが上がらない
新規顧客が増えない
既存顧客１人あたりの売り上げを増やせない
そもそも新規顧客の開拓に時間を割いていない
ねらうべき市場が明確になっていない
営業の効率化が遅れている
営業担当が少ない
１人あたりの利用（滞留時間・利用回数）が伸びない
コース（商品）の数を増やせない

問題を掘り下げると全体像が見える

ロジックツリーについて、別の事例でも考えてみましょう。

あなたはあるスポーツジムの営業担当で「売り上げが上がらない」という悩みを抱えています。

では、なぜ「売り上げが上がらない」のか、その問題の原因をロジックツリーで掘り下げてみましょう。

上図のように問題を掘り下げていき、売

り上げが上がらない原因を書き出したら、解決策を考えます。では、ロジックツリーで掘り下げた原因（問題点）について、解決策を考えてみましょう。

このようにして「売り上げが上がらない」という**問題を掘り下げていくと、その問題の全体像も把握**することができます。

問題を分解していくことで、「売り上げが上がらない」という問題にも**いろいろな要素がある**ことがわかります。「そもそも新規開拓に時間を使っていない」ことが真の問題である可能性もありますし、「顧客１人あたりの利用（滞留時間・利用回数）が伸びない」ことが真の問題かもしれません。

ロジックツリーで問題を分解して掘り下げていくことは、**問題の全体像を把握し、何が真の問題なのかを明らかにする**作業です。

この過程で「問題点」が見つかれば、次に、それが解決可能かどうか、さらにその問題点を「問い」にして、新たなロジックツリーを展開させることで「問題をつぶす」ことができるのです。

問題	解決策
コース（商品）の数を増やせない	コース以外のオプション商品を増やす
1人あたりの利用（滞留時間・利用回数）が伸びない	新しい器具を導入する
営業担当が少ない	業務を改善し、新規顧客の開拓を担当するスタッフ数を増やす
営業の効率化が遅れている	業務を改善し、時短・効率化を図る
ねらうべき市場が明確になっていない	市場のセグメントを行い、ターゲットとなる層を見つける
そもそも新規顧客の開拓に時間を割いていない	報奨制度を変更し、新規開拓のインセンティブを増やす

もっとも本質的で解決のインパクトがある課題は何か？

ロジックツリーを使って問題の構造が見えてきたら、次にやるのは**「何がもっとも重要な課題か」という「イシュー」を決める**ことです。イシューを決めるとは、言い換えれば「仮説」を立てることです。仮説とは、その時点の仮のアイデアなり、仮の答えです。

しかし、見えてきたいろいろな問題の構造をすべて分析・検証し、「どれが最重要課題だろうか？」と考えていては、時間がいくらあっても足りません。

ですから、**その時点での「仮説」として、もっとも重要なイシューを設定し、それが正しいか間違っているかを検証する**ところからスタートすればいいのです。

もっとも重要な課題とは、**「もっとも本質的で解決のインパクトがありそうな課題」**と言い換えることができます。

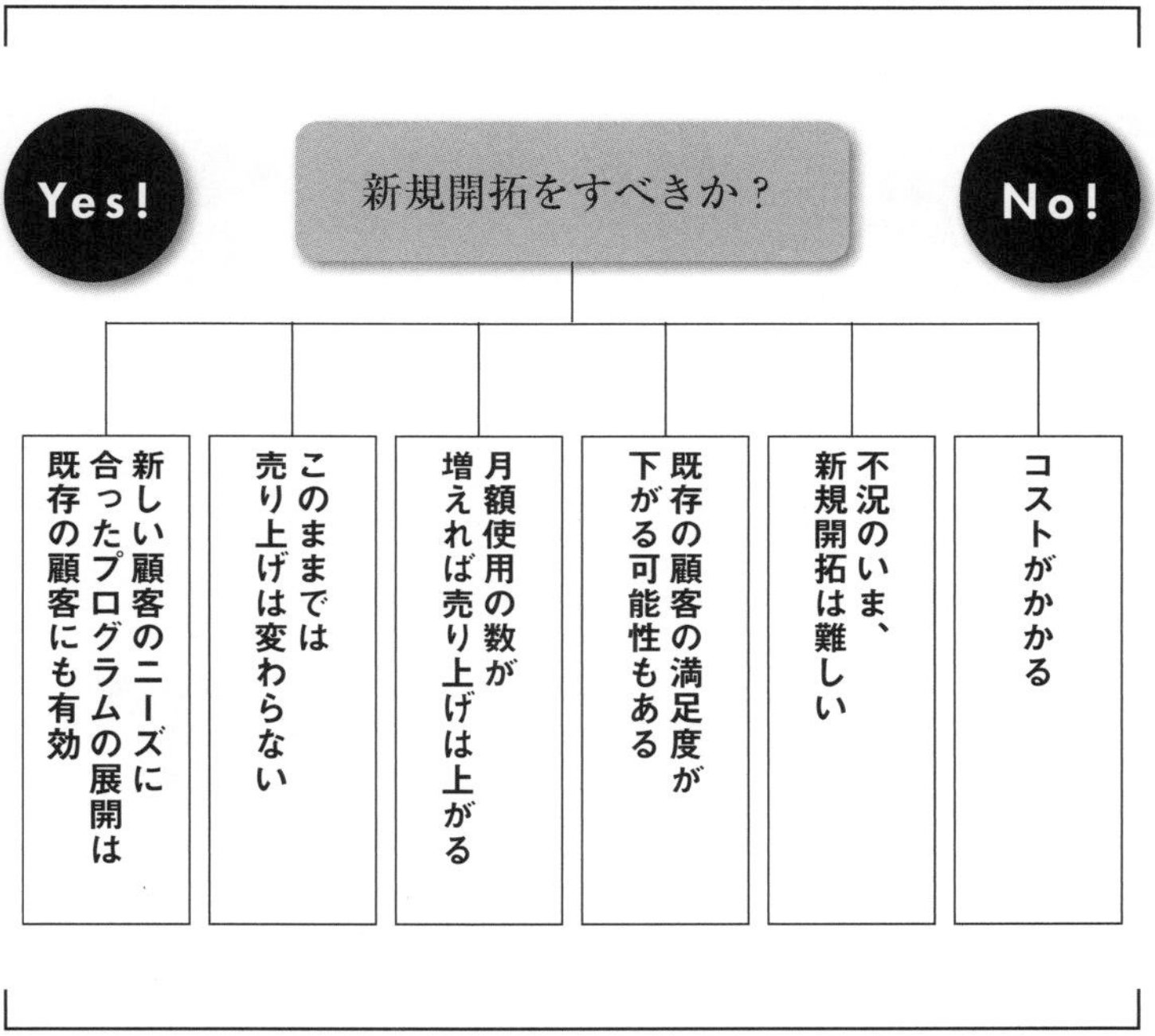
Yes!
新規開拓をすべきか？
No!
新しい顧客のニーズに合ったプログラムの展開は既存の顧客にも有効
このままでは売り上げは変わらない
月額使用の数が増えれば売り上げは上がる
既存の顧客の満足度が下がる可能性もある
不況のいま、新規開拓は難しい
コストがかかる

先ほどのスポーツジムの例でいえば、「売り上げが上がらない」という問題を構造化していくと、この問題を解決するイシューが「既存顧客の1人あたりの利用（滞留時間・利用回数）が伸びない」ことではなく、**「そもそも新規開拓が進んでいない」**ことである可能性が見えてきました。

であれば、**仮説を立ててこのイシューが正しいかどうかを検証**しましょう。もし正しければ問題解決が、ぐっと近づいてきます。

第 II 部

マーケティング
フレームワーク

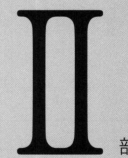

第4章

3つの視点でビジネス環境を把握する「3C分析」

本章で取り上げるその他のフレームワーク…［SWOT分析］［PEST分析］［5Force分析］

市場&競合を知り、自社の戦略を導く

第2部では「マーケティング」、すなわち企業が商品やサービスを売るために、どのような戦略を練るべきか、といった戦略立案に役立つフレームワークを考えます。

そこで本章では、マーケティングの基本となる「3C《スリーシー》分析」を取り上げましょう。

3Cとは**「Customer」（市場・顧客）「Competitor」（競合）「Company」（自社）**の頭文字をとったもので、マーケティング上の問題や課題を3つのCに分解します。「市場はどうなの?」「自社には、どんな強みがあるの?」「競合はどうなの?」と、それぞれの要素を分析したうえで、解決策や改善案を見出していこうという手法です。

3Cは、マッキンゼー・アンド・カンパニーの日本支社代表だった大前研一氏が1980年代に提唱した考え方で、著書『ストラテジック・マインド』（プレジデン

3C 分析

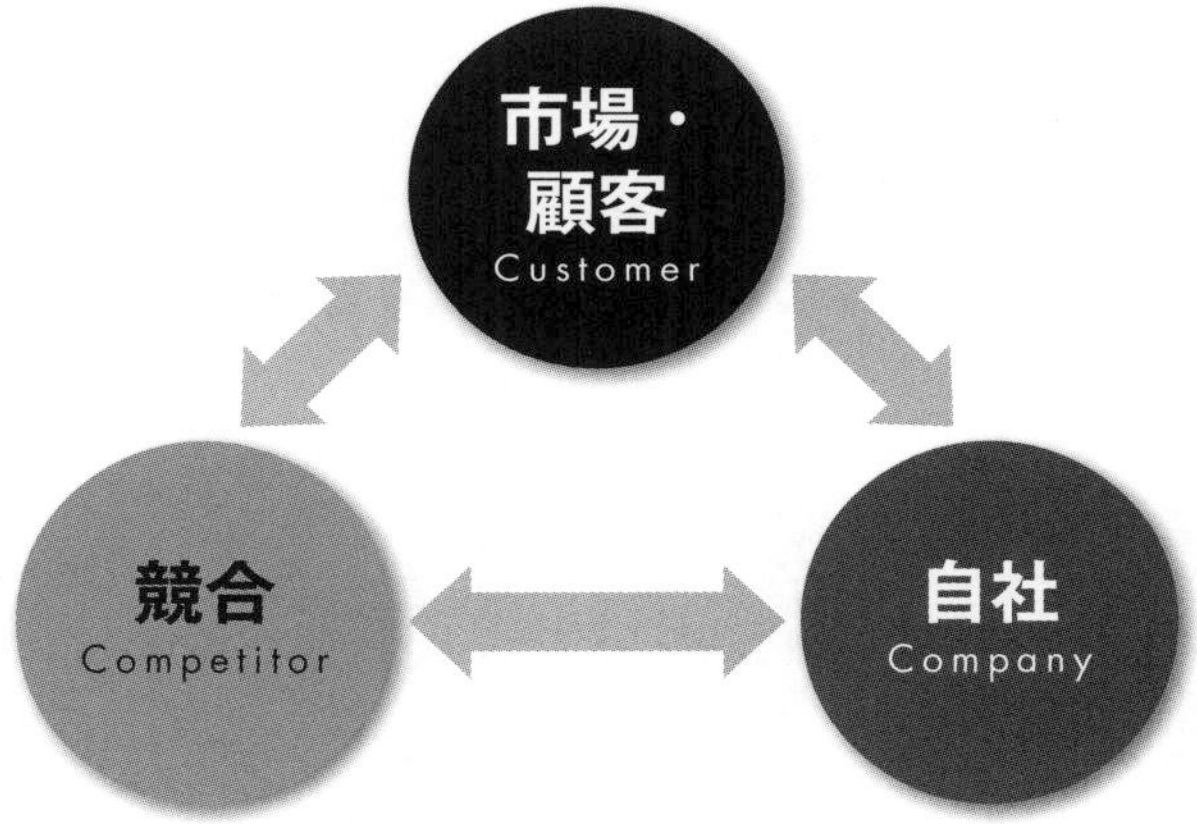

ト社）の中で詳細に書いています。

なお、Customerに市場と顧客の2つの訳語をあてているのは、マクロ的な視点で市場全体を見たほうがいい場合もあれば、ミクロ的な視点で顧客一人ひとりに焦点をあてたほうがいい場合もあるからです。

3C分析は、自社がどのようなビジネス環境に置かれているか、現状を分析することで、**課題の発見や戦略の立案などに活用する**ことができます。また、もっと焦点をしぼり、**ビジネスチャンスの発見や商品開発などにも使うことができるフレームワークです。**

具体的には、「市場・顧客」では「その事業・商品に市場はあるのか？」「主たる顧客の属性は何か？」「市場は伸びているのか、縮小しているのか、それとも停滞しているのか？」、「競合」では「ライバル企業は、どこか？」「有力な競合会社の強み・弱みは何か？」、「自社」では「自社の強み・弱みは何か？」「競合に勝てる新商品・事業を持っているか？」といった問いを立てて考えるのが有効です。

さらに言えば、**「市場・顧客」「競合」は自分たちでコントロールができない「外部要因」**、**「自社」は自分たちでコントロールしやすい「内部要因」**に分けられます。ただし、「自社」分析を進めていくと、仕入先や外注先、下請け、販売代理店などバリューチェーン全体にも広げざるをえず、自社と取引関係にある企業も分析の対象となることに留意しておきましょう。

なお、大前氏は「市場はあるのか？」「競合に勝てるのか？」という、たった2つの質問で、企業・事業の「成否」に、おおよその見通しをつけていました。それくらい、外部要因である「市場・顧客」「競合」を知り、**「自社」がどのようなビジネス環境に置かれているかを考える**ことが重要なのです。

3Cの視点があれば市場や競合の変化を見逃さない

たとえば、上司から「着物販売市場と自社の現状について調査してほしい」と指示されたら、あなたはどんな情報から集めればいいでしょうか。

やみくもに情報を集めようとしても、効率はよくありませんし、何から手をつけていいか見当もつきません。また、必要な情報を落としてしまったり、余計な情報を抱え込んだりすることも、よくあります。

ところが、ここで**3C分析のフレームワークを使えば、必要な情報を抜けや漏れ、ダブりなく集めることが可能**です。また、「あの作業をするのを忘れていた……」「あの商品・サービスをリサーチしていない」といった、うっかりミスを防ぐ効果もあります。

ここでは、３Ｃにそって次のような情報を集めてみましょう。

市場・顧客——着物関連業界全体の成長率、直近10年のトレンドなどの情報
競合——ライバルメーカー・販売店の売り上げデータ、強み・弱みなどの情報
自社——自社の売り上げシェアや成長率、強み・弱みなどの情報

このようにして、3つのCに分けて情報収集をしないと、**「自社の都合」が優先され、自分勝手な分析・判断に陥ってしまう**ことがあります。

その結果、次のような失敗例を、私はこれまで数多く見てきました。そうならないためにも、**３Ｃを常に意識する**ように心がけてください。

●よくある失敗例

・自社のことばかりで競合のことを考えていなかったため、すでに同じような商品があることを見過ごしてしまった。

・市場を見ていなかったため、後で「そもそも、市場がなかった」と気づいた。

３Ｃ分析の作業例

3C	作業内容
市場・顧客	市場の分析（規模、成長推移）
	顧客のセグメント
	顧客のニーズの分析
	構造の変化や代表的なトピックの調査
競合	競合とのシェアの分析（推移）
	代替サービス・商品の可能性について調査
	競合の強み（弱み）の分析
	競合の動向の調査・分析
	競合の戦略の調査・分析
自社	売上高や利益の分析（推移）
	顧客別シェアの分析
	ブランドイメージの調査
	利益率やコスト構造の分析
	自社の強み（弱み）の分析

次に、携帯用音楽プレーヤーの例でも考えてみましょう。

いまや携帯用音楽プレーヤーの役割はスマートフォンが果たしています。ですから、どれだけきれいな音が出るように改善して販売したとしても、そこに消費者のニーズはほとんどありません。

スマートフォンは音楽プレーヤーだけでなく、時計、カメラ、携帯用ゲーム機、携帯用映像プレーヤー、車載ナビゲーターなどを一気に陳腐化させました。

スマートフォンが登場したころ、その登場によってこれらの製品が駆逐されると予見した人は少なかったでしょう。しかし、ほどなくして汎用性のあるスマートフォンが代替サービスを提供し、これらの製品に置き換わったのです。

携帯用音楽プレーヤーがスマートフォンへ置き換わったように、**大きな代替製品が出てくると、企業は、その市場から撤退せざるを得なくなる**ことがあります。

だからこそ、**３Ｃ分析で市場や競合の動きや変化を「抜け・漏れ」なく見る**ことが大切なのです。

着物市場を「3C分析」で見直すと…

3C分析は、まず「市場・顧客」の分析から始めます。市場を知らなければ自社や競合相手の分析・位置づけをすることができません。

では、あらためて「着物販売市場と自社の現状について調査してほしい」という課題について考えてみましょう。

着物関連市場は人口減少や着付けの難しさなどもあいまって、このところ縮小を続けています。

2007年の市場全体の売上高は4700億円でしたが、10年後の2017年は2880億円と大きく減少しました。メーカーや問屋（卸売り）、呉服店の中には採算がとれず、撤退・経営破綻する企業も増えてきています。

ただし、もうすこしミクロな視点で見ると、観光客や若い女性を対象とした着物レンタルショップは着実に増加しています。

自分で着付けをしたり、面倒なメンテナンスをしたりといった手間を省いたレンタル方式が定着し、卒業式などのハレの日に限らず、ＳＮＳにアップすること（インスタ映え）をねらって、普段でも着物姿になりたいという若い女性のニーズに応えています。

つまり、**市場を新しい切り口で見てみる**と、伸びている市場もあるということがわかります。

次に「競合」について考えてみましょう。

たとえば販売チャネルに注目すると、着物販売は従来、催事や店舗が中心でしたが、動画コンテンツやＳＮＳなどの普及にともない、メーカーによるインターネット販売が増加。10万円程度で一式そろえられる格安ショップなども売り上げを伸ばしています。

一方、「メルカリ」などに代表される、フリーマーケットアプリによる個人間の売買も増加。また、SNSなどを利用した着物のやりとりである「お譲り会」の取扱量も増えています。こうした既存の販売チャネルを利用しない市場は、近年、急速にそのシェアを拡大しています。

なお、「お譲り会」やフリーマーケットアプリの出現は、「3C分析の作業例」（105ページ）で挙げた「**代替サービス・商品の可能性**」にあたります。

既存チャネルの競合となる格安販売事業者の出現と個人間の売買の増加は、着物の低価格化を促進します。

また、低価格化と同時に、既存市場の縮小が進行している点に注目することがポイントです。

プラスとマイナスの両面で見る「ＳＷＯＴ分析」

最後に「自社」についても考えてみましょう。

「自社」を分析する際は、「自社の強み・弱みは何か？」「競合に勝てる新商品・事業を持っているか？」など、問いを立てて考えると説明しましたが、**「SWOT《スウォット》分析」**というフレームワークも併用してみることにします。

ＳＷＯＴ分析とは、**企業にとっての内部環境を「強み」（Strength）と「弱み」（Weakness）、外部環境を「機会」（Opportunity）と「脅威」（Threat）というプラス面、マイナス面の両面から分析する**フレームワーク（頭文字をとってＳＷＯＴ分析と呼ぶ）で、ビジネス戦略の策定や経営資源の割り振りなどに使われます。

ＳＷＯＴ分析

一般に、**外部環境には、市場や業界、法律・制度、政治・経済・社会の動向やトレンド、競合**などが挙げられます。

一方、**内部環境には、自社の経営資源や商品、ブランド、価格、品質**などが挙げられます。

戦略や計画を立案する際は、外部環境と内部環境、両方の把握・分析が欠かせません。ＳＷＯＴ分析を上手に利用することで、**自社の強みが明らかになり、機会はもちろん、脅威からさえ、ビジネスチャンスやヒントが得られる**場合があります。

外部環境の「機会」「脅威」、内部環境の「強み」「弱み」を分析

では、「着物販売市場と自社の現状について調査してほしい」という課題について、自社の状況をSWOT分析で考えていくことにします。

最初に、外部環境の「脅威」を見てみましょう。

着物関連業界に限らず、昨今は少子高齢化が進み、若い女性人口そのものが減少しています。

また先にも説明しましたが、着物を着る機会は卒業式や結婚式などのハレの日、華道・茶道などのお稽古ごとに限られています。その結果、着物関連市場は年々縮小傾向にあり、売上高を減らしています。

加えて、動画コンテンツやSNSの活用が遅れている自社にとって、インターネッ

ト販売やインターネットを利用した個人のやりとりが大きな脅威になっています。

なお、動画コンテンツによる商品の訴求や、ＳＮＳによるマーケティング・ＰＲ活動などを、「機会」としてとらえる企業もあります。このように、「機会」と考えるか、「脅威」と考えるか、迷う場合はポジティブに「機会」としてとらえましょう。

それでは、外部環境の「機会」に焦点をあててみます。

現在、訪日観光客は年々増加し、彼女らをターゲットにした着物のレンタルショップが急増しています。若い女性も「インスタ映え」のする着物姿に憧れ、ハレの日でなくても気軽にレンタルショップを利用するようになりました。

さらに内部環境の「強み」と「弱み」を考察します。

自社の「強み」としては、伝統のあるメーカーだけに「催事・店舗に強い。特に地方の老舗呉服店や百貨店とは強固なパイプを築いている」「華道や茶道の家元に強く、毎年コンスタントに発注がある」「材料の調達からデザイン・縫製・流通・販売までサプライチェーンが完成している」などが挙げられます。

自社の現状を「SWOT分析」すると…

	プラス要因	マイナス要因
内部環境	**強み**(Strength) ●催事・店舗に強い ●華道や茶道の家元に強い ●材料の調達からデザイン・加工・流通・販売までの一貫体制 ●腕のいい職人がそろっている ●地方の老舗呉服店と取引がある	**弱み**(Weakness) ●少子高齢化の進展で見込み客となる若い女性が減少している ●インターネットやSNSを活用できていない ●新興の格安販売店チャネルが弱い ●地方の老舗呉服店や百貨店の販売力低下
外部環境	**機会**(Opportunity) ●レンタルショップが好調 ●訪日観光客の増加 ●インスタ映えをねらった若い女性がレンタルショップを利用 ●競合は質を落とした廉価の着物を製造・販売	**脅威**(Threat) ●着物市場の低迷が長期化 ●少子高齢化の進展で、若い世代が減少 ●着物が晴れ着となり、日常生活で着る機会が減った ●着物メーカー・問屋(卸し)・販売店の撤退や経営破綻の増加

その半面、「弱み」として「人口減少が進み、見込み客が減少している」「旧来の販売チャネルに頼りすぎてインターネット販売やＳＮＳの活用ができていない」「最近、急速に伸びている格安販売店やレンタルショップへの販売チャネルが弱い」「地方の老舗呉服店や百貨店の販売力が低下している」などが挙げられます。

このように、従来の販売チャネルの販売力・売上高が低下している一方、新しい技術や新興の販売チャネルを取り込めていない現状が浮かび上がりました。

自社がとるべきマーケティング戦略とは？

今回、上司から命じられたのは「着物販売市場と自社の現状について調査してほしい」でしたが、**３Ｃ分析やＳＷＯＴ分析をしたことで、自社がとるべきマーケティング戦略も見えてきました。**

着物販売市場では、若い女性や訪日外国人観光客を対象にしたレンタルショップが繁盛しています。「競合」は高い製品は売れないので、コストを削減した廉価の着物へ軸足を移しています。

一方、「自社」に目を向けると、腕のいい職人がそろっていることから、レンタルショップ向けに自社の強みである「職人の高度な技術」を生かし、質が高く、「インスタ映え」するような見栄えのいい新製品を提供することが考えられます。

自社がとるべきマーケティング戦略

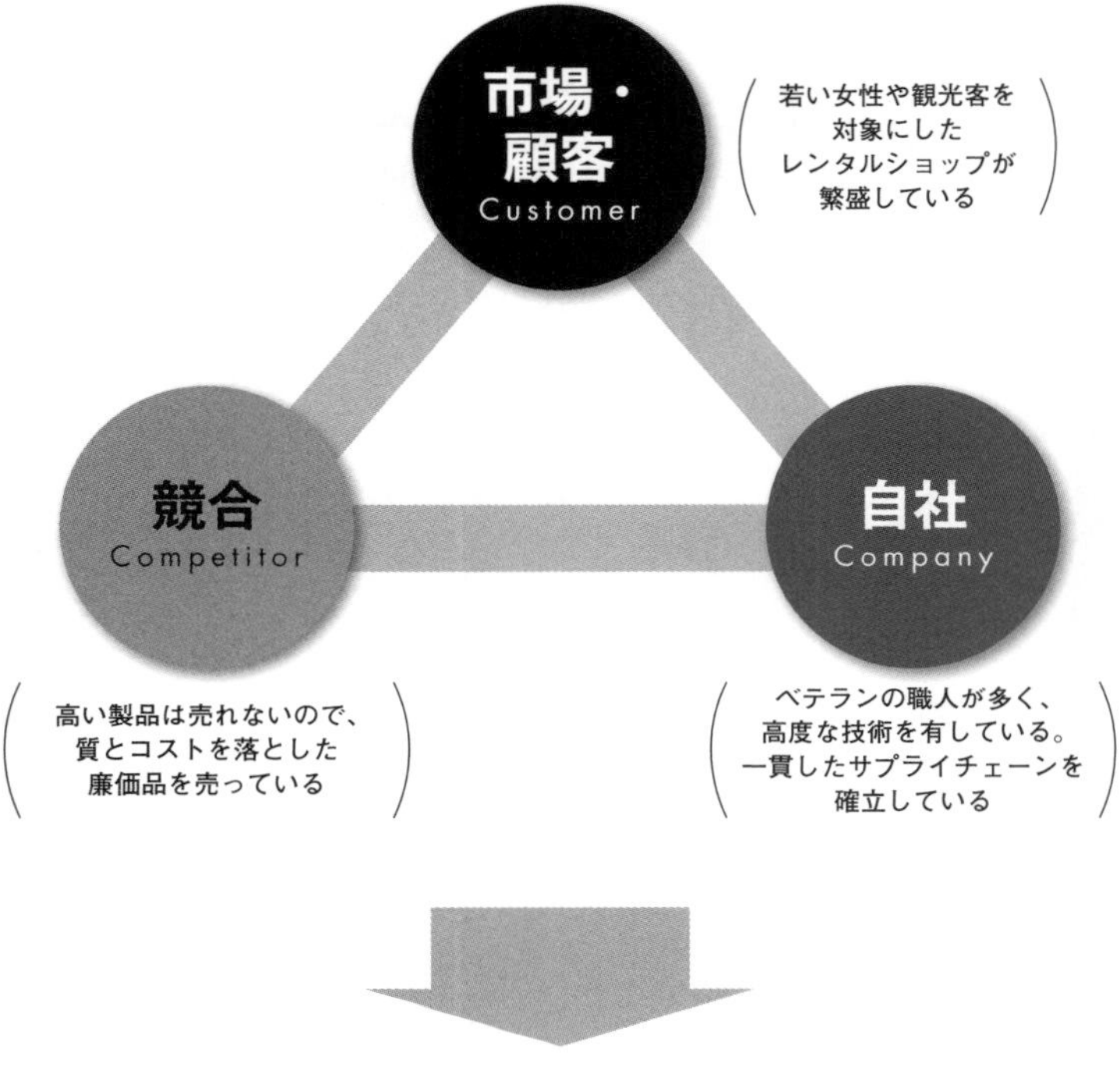
市場・顧客
Customer
若い女性や観光客を
対象にした
レンタルショップが
繁盛している
競合
Competitor
高い製品は売れないので、
質とコストを落とした
廉価品を売っている
自社
Company
ベテランの職人が多く、
高度な技術を有している。
一貫したサプライチェーンを
確立している

- **職人の高度な技術を生かし、質が高く、見栄えのいい新製品をレンタルショップに提供する**
- **取引先に「見栄えの良さ」を条件に、新素材の提供を要請する**

プライベートにも応用できる「3C分析」

ここまでは、ビジネスシーンでの使用を想定して3C分析を解説してきましたが、**3C分析はプライベートや日常生活にも応用**できます。

たとえば、ある女性が婚活パーティーに参加するとします。このときその女性はどのようなことを考えて参加すべきでしょうか。こういう場合にも、実は3C分析が役に立ちます。

仮にターゲット（仲よくなりたい男性）となる「市場・顧客」は、（できたらイケメンの）IT企業社長などの起業家としましょう。当然ながら、競争率は高くなります。また、当日参加する、外見に自信があるような、いわゆる〝意識高い系〟の女性を「競合」（ライバル）と想定すると、当の女性の強みは何でしょうか。一般の会社婚活パーティーを「3C分析」で考えると…

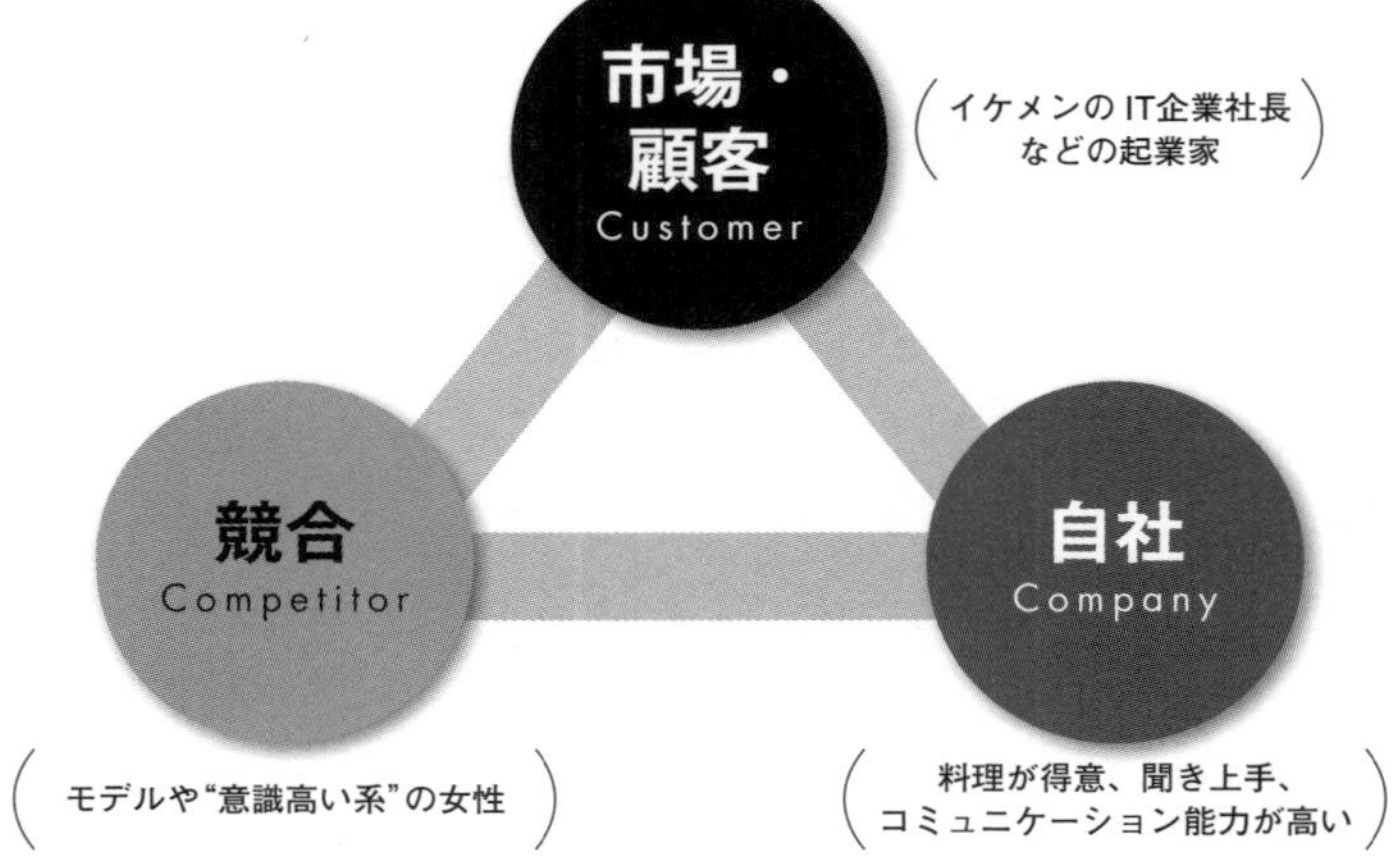

に勤めているOLだとしても、たとえば「料理が得意」で「聞き上手」であるといった長所があれば、「コミュニケーション能力の高さ」が強みといえるかもしれません。

競合となるほかの女性たちは、「自分発信」は得意としていますが、その一方で相手の話をよく聞くコミュニケーション・スキルはそれほど高くないかもしれないからです。

そこで参加者リストの中から、イケメン企業家だけではなく、「相手に望むこと」として「料理が得意な人」「聞き上手な人」の両方を挙げている参加者にしぼって、ターゲット候補をリストアップすることもできます。

ビジネスとは、まったくかけ離れていますが、3C分析はこうした使い方もできるのです。ビジネスシーンでしか使えないと思っていた皆さんも、ぜひプライベートで応用してみてください。これはほかのフレームワークでも同様です。

（※この婚活パーティーの設定例はあくまで仮定のものです）

「政治」「経済」「社会」「技術」の4つの切り口で検討する「PEST分析」

なお、SWOT分析で外部環境を分析する際、マクロ分析の「**PEST**《ペスト》」、ミクロ分析の「**5Force**《フォース》」を併用すると精度が上がります。

「マーケティングの父」と呼ばれるフィリップ・コトラーが提唱したPEST分析は、企業・組織が置かれた環境を分析する手法です。PEST分析では、**自社の置かれたマクロ環境を、「政治的要因」（Politics）「経済的要因」（Economy）「社会的要因」**

ＰＥＳＴ分析

※マクロ変動要因である外部環境を分析する

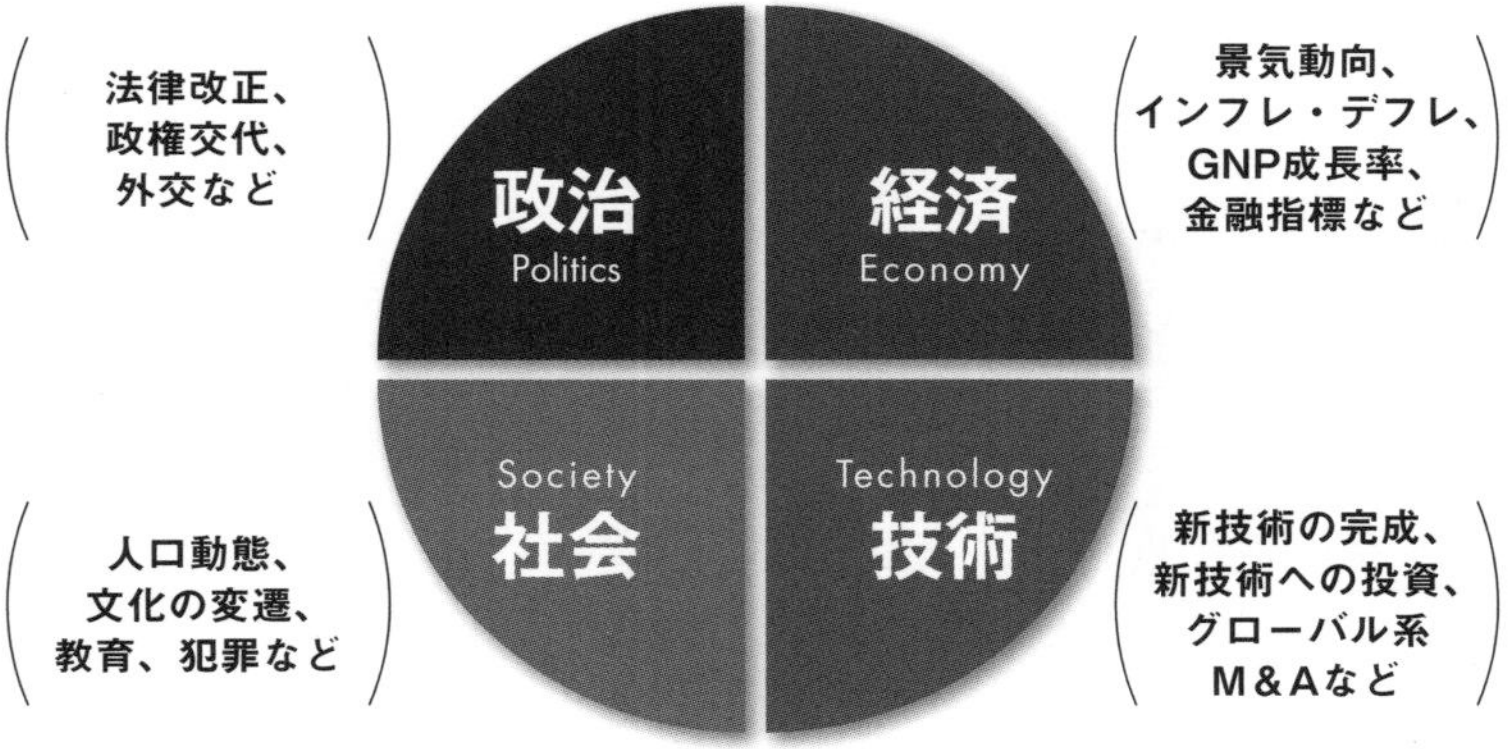

(Society)「技術的要因」(Technology)の４つの切り口で分析します。漠然と「脅威は何か？」「機会は何か？」と考えるよりも、「政治的な要因は何だろう？」「経済的な要因は、いくつ考えられるかな？」などと進めていったほうが、具体的な脅威と機会を見出しやすくなります。

「政治的要因」と聞くと難しく感じるかもしれませんが、具体的には、**法律や規制の変更、所轄官庁の監督権といった政府レベルの要因**などが該当します。たとえば電力の完全自由化など、時には市場競争のルールそのものが変わるため、きわめて大きな影響をもたらすケースもあります。

「経済的要因」や「社会的要因」、「技術的要因」についても解説しておきましょう。

「経済的要因」とは、**経済成長率や景気・物価の動向、株価・為替の変動などを指し、商品のコストや価格、利益に直結**します。本章で例に挙げた着物関連市場であれば、訪日観光客の増加などが該当します。

「社会的要因」とは、**消費者のライフステージや生活スタイルの変化**などのことで、着物関連市場では着物がハレ着となり、日常生活で着るものではなくなったことなどを指します。

また「技術的要因」とは、**生産技術の改良・イノベーションやIT化、人工知能・ロボットの普及、商品開発・マーケティング技術の進化**などを指し、着物関連市場ではインターネット通販、SNSを使ったプロモーションなどが該当します。

外部環境を5つの競争要因から探る「5Force 分析」

「5Force 分析」も外部環境分析に有効な手法で、**外部環境の競争要因を探る**ためのフレームワークです。競争戦略を提唱したマイケル・E・ポーターは、経営戦略を立てる際に、**市場の競争状態・要因に注目しなければいけない**と訴えました。つまり、「競合のことを考えないと、きちんとした戦略は描けないよ」と強調したわけです。

5つの競争要因（5Force）とは、次の通りです。

1. **新規参入者の脅威**
2. **売り手（サプライヤー）の交渉力**
3. **買い手（顧客）の交渉力**
4. **代替商品・サービスの脅威**

5. 既存企業との競争（競争事業者＝競合他社）

競争要因について、具体的に考えてみましょう。

たとえば、スマートフォンの登場や着物関連市場のフリーマーケットアプリ、レンタルショップ、個人の新規参入者や代替品・サービス、同種の商品を提供している既存企業が脅威であることは容易に理解できますが、**売り手・買い手の交渉力**とは何でしょうか。

「売り手」（サプライヤー）とは、**自社に材料や部品、サービスを提供している会社のこと**ですが、売り手がその業界のリーダー企業や寡占企業である場合、交渉力は高く、仕入れコストが高くなる可能性があります。

だからといって、**コストに合わせて商品の価格を高くすれば顧客が離れるかもしれず、反対に商品の価格を据え置けば自社の利益が減少**します。いずれにしても競争力の低下につながりますから、競争要因のひとつとされます。

同様に「買い手」（顧客）も巨大企業や寡占企業だとしたら、**買い手側が大きなバ**

イイングパワー（購買力）を発揮してくるため、自社に対して値下げ圧力が強くなります。

自動車業界の例で説明すると、自動車メーカーは部品メーカーに対して、常時、コスト削減と値下げを求めています。顧客の価格交渉力は強力で、部品メーカーの利益率は圧迫されることから、やはり競争力の低下につながりかねません。

ハンバーガー業界を「5Force分析」でとらえると…

具体的な例でさらに考えてみることにしましょう。日本のハンバーガー業界のトップ企業である「日本マクドナルド」を、5Forceで分析してみます。

まず、**「既存企業との競争」**について考えてみましょう。マクドナルドにとっては「モスバーガー」や「ロッテリア」、「ファーストキッチン」などが競争相手にあたります。

マクドナルドは日本市場では圧倒的な売り上げシェアを占めており、その企業スケールなどを生かして競争相手に対して優位に事業を展開しています。

次に**「売り手の交渉力」**について考えてみましょう。売り手にはパンやハンバーグの原材料を供給する食肉加工業者が挙げられます。

国内に2800以上の店舗を持つマクドナルドは、食材を大量に仕入れたり、グローバルな供給先を多数確保していたりするため、供給業者に対する価格交渉力がとても高いといえます。

一方、**「買い手の交渉力」**ですが、ここではハンバーガーを購入する消費者が挙げられます。消費者はハンバーガーの購入先をモスバーガーやロッテリアに代えても、そのスイッチングコスト（変更に必要なコスト）はかかりませんので、マクドナルドはいかに差別化された商品を消費者に提供できるかが収益を上げるポイントといえるでしょう。

最後に**「新規参入者の脅威」**と**「代替商品・サービスの脅威」**について考えてみましょう。近年ではアメリカのハンバーガーチェーンが日本市場に進出しており、それ

「5Force」でマクドナルドを分析すると…

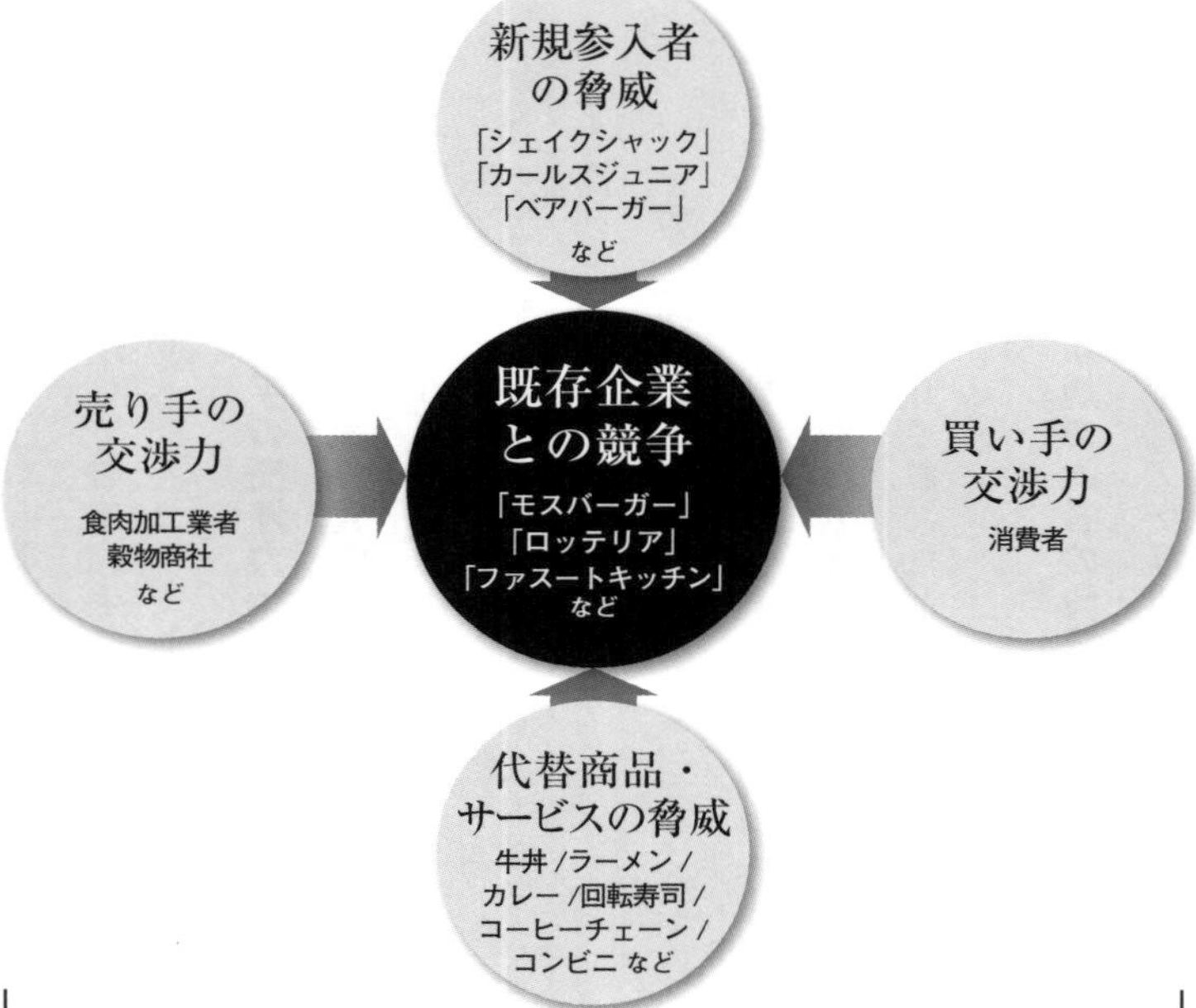

らの企業が「新規参入者」として考えられます。ただし、売り上げシェアはもちろん、知名度や話題性などでもマクドナルドを脅かすまでには至っていません。

一方、「代替商品・サービス」としては、牛丼やラーメン、カレー、回転寿司などが挙げられます。また、コーヒーチェーンなどもサンドイッチなどの軽食を提供しているため、代替商品の脅威となる可能性がありますし、イートインスペースを持つコンビニエンスストアの存在も、脅威になり得ます。

このように分析していくと、マクドナルドは高いシェアを生かして市場で優位性を保っていることが見えてくる一方で、ハンバーガー業界は新規参入企業も少なくなく、昨今は消費者の嗜好も多様化しているため、差別化された商品を継続的に提供できるかどうかが、収益のカギになりそうです。

本章では「3C分析」をメインに、関連するフレームワークとして「SWOT分析」「PEST分析」「5Force分析」についても紹介しました。

これらのフレームワークは、ビジネスの現場において、**物事を的確かつスピーディに把握する**場合にたいへん役立ちます。

また、第1章で取り上げた「空・雨・傘」も同様ですが、**「3C分析」は多くのコンサルタントや企業人たちによって使われてきた伝統的な手法**です。使い勝手のよいフレームワークですので、さまざまな場面でぜひ活用してみましょう。

第5章

差別化戦略に有効な「2軸マトリクス」

本章で取り上げるその他のフレームワーク…製品別ポートフォリオ

ヨコ軸とタテ軸で、あらゆるものを整理・分類

物事をスムーズに進めていくためにもっとも大切なことは、優先順位をつけることです。何が重要で何が重要でないのか、その判断を明確にすることで、やることの順番が決まり、段取りよく進めることができるのです。

「優先順位の高いもの」と「優先順位の低いもの」を分けるフレームワークとしては、**「2軸マトリクス」**が有用です。

マトリクスとは「母体・基盤」の意味で、生物学や電子工学でも、よく使われる言葉です。

経営やマネージメント、マーケティングで使われる「2軸マトリクス」とは、**ヨコ軸とタテ軸の2つの軸で、あらゆるものを整理・分類する技法**のことです。

「2×2」で4つの象限になることから、**「4象限マトリクス」**とも呼ばれます。緊急度をヨコ軸に、重要度をタテ軸に置けば、**「緊急度・重要度マトリクス」**として、物事を判断・実行するときの優先順位を明らかにするのに効果的なフレームワークとなります。

たとえば、あなたが営業担当で、「前年の1・2倍の売り上げアップ」というノルマを課されているとしましょう。営業に専念したいのですが、こなさなければいけない仕事が多く、また会議や気がかりなことも多いため、どうにも落ち着いて仕事に取り組めません。

そこで仕事・作業に優先順位をつけるべく、133ページのような2軸マトリクスで考えることにしました。

「2軸マトリクス」で整理すれば優先順位が明確になる

このうち、もっとも優先して取り組まなければいけないのは、**重要度、緊急度がともに高い「顧客のクレーム対応」**です。早急に解決しないと、腹を立てた顧客が取引を打ち切るかもしれず、そうなれば売り上げアップどころの話ではありません。

さらに、上司への報告も早急に済ませておきたいところです。

次に優先度が高いのは、**「重要度」は低いが「緊急度」が高い**「営業会議への出席」と、その会議の際に報告しなければならない「レポートの作成」です。

顧客のクレームに対応しながら、レポート作成を進めつつ、上司とレポートや営業会議に関する打ち合わせをこなします。

緊急度×重要度の2軸マトリクス

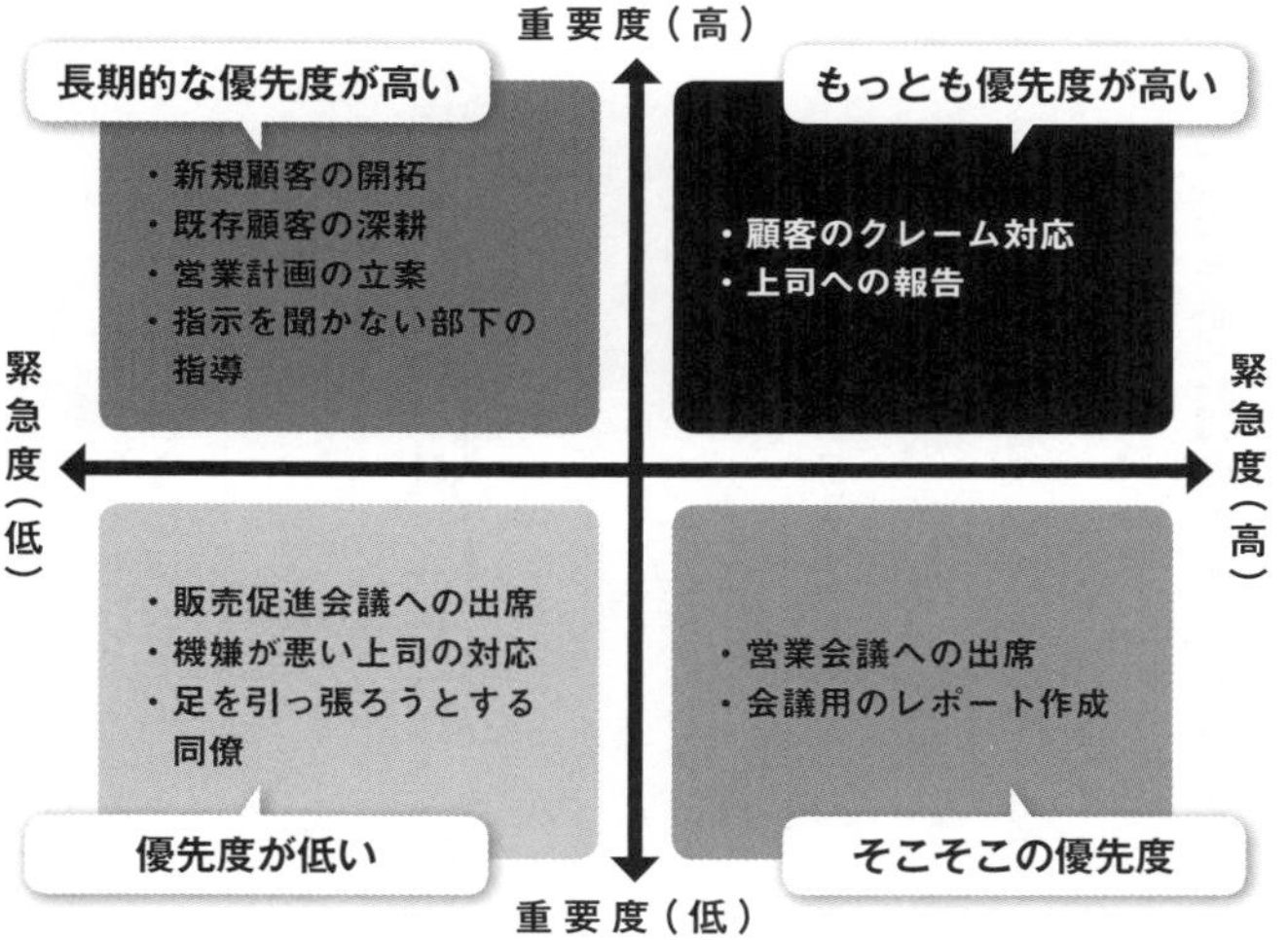

「新規顧客の開拓」「既存顧客の深耕」「営業計画の立案」「指示を聞かない部下の指導」は**「重要度」は高いものの「緊急度」が低い**ので、ひとまず左上の象限に位置づけました。これらは、いつまでにやらなければいけない、という明確な期限はありません。

しかし、長期的視点で見たときには、**この象限の課題にきちんと向き合って、解決したかどうかが、ビジネスパーソンとしての成長の分かれ目**になります。優秀なビジネスパーソンであればあるほど、この象限を放置せず、自分の中で期限を設けて確実に処理しているものです。

その他の問題は「重要度」「緊急度」と

もに低いので、左下の象限に入れました。

これらについては「何もしない」という対処法もありますが、それなりの手を打たなくてはいけない場合もあります。ケース・バイ・ケースの判断が必要です。

営業先の優先順位決定にも使えるマトリクス

2軸マトリクスは「売り上げアップのために、どの顧客をねらうか」という優先順位の決定にも使えます。

「既存顧客の深耕」に力を入れるとして、どの顧客を重点的に攻めるべきか。顧客が法人の場合を例にとって、2軸マトリクスを使って考えてみましょう。

タテ軸には顧客企業の成長率、ヨコ軸には販売余力をとります。成長率は顧客企業の売り上げ・利益の伸び、資産の伸び、従業員数の増加などを見ています。

顧客企業の成長率が高ければ、あなたの会社が提供する商品・サービスに対するニーズも、ほぼ確実に大きくなります。

ヨコ軸には販売余力をとりました。販売余力があるということは、あなたの会社が提供する商品・サービスが顧客企業に、まだまだ売れる余地があるということです。

逆に販売余力がないということは、あなたの会社が提供している商品・サービスについては、顧客企業はすでにあなたの会社から大半を買っており、これ以上、売り上げが上がる余地はないことを示しています。

それでは、あなたの顧客を2軸マトリクスにポジショニングしてみましょう。

営業マンは手持ちの時間が限られていますから、業績を上げるためには投入した時間に対する販売実績を管理する必要があります。

理想をいえば、**「投入した時間が多ければ多いほど、販売実績も大きい」**という正の相関関係でなければいけません。

成長率が大で、販売余力も大の企業は「有望市場」ですから、あなたが**もっとも時間と力を注ぐべき会社**です。

成長率が大で、販売余力が小の企業は「大黒柱」という位置づけで、あなたの販売実績を支えています。**もっとも大事にしなければいけない顧客**で、ていねいな対応が求められます。

成長率が小で、販売余力が大の企業は「おつきあい先」で、顧客企業に占める、あなたの会社のシェアは、たいして大きくありません。**競合会社が強い**ので、売り上げ増を図るためには**競合に勝てる切り口(強み)を磨く**必要があります。

成長率が小で、販売余力も小の企業は「ごひいき先」で、あなたの売り上げトップ10が「ごひいき先」ばかりなら、今後の売り上げアップは難しいと言わざるをえません。しかも、「ごひいき先」は訪問しやすく、居心地がいいので、あなたは不必要にアポをとり、訪問すると世間話で時間をつぶして、つい長居をしてしまいがちです。

貴重な時間を、「ごひいき先」で消耗している結果、成長率が高く、販売余力も大きい「有望市場」に時間をかけられず、大事にしたい「大黒柱」にも訪問できないので、売り上げが伸びないのです。

時間と労力は、とてつもなく大事な資源です。だらだらと仕事をしていては時間と

「成長率×販売余力」で顧客に優先順位をつけると…

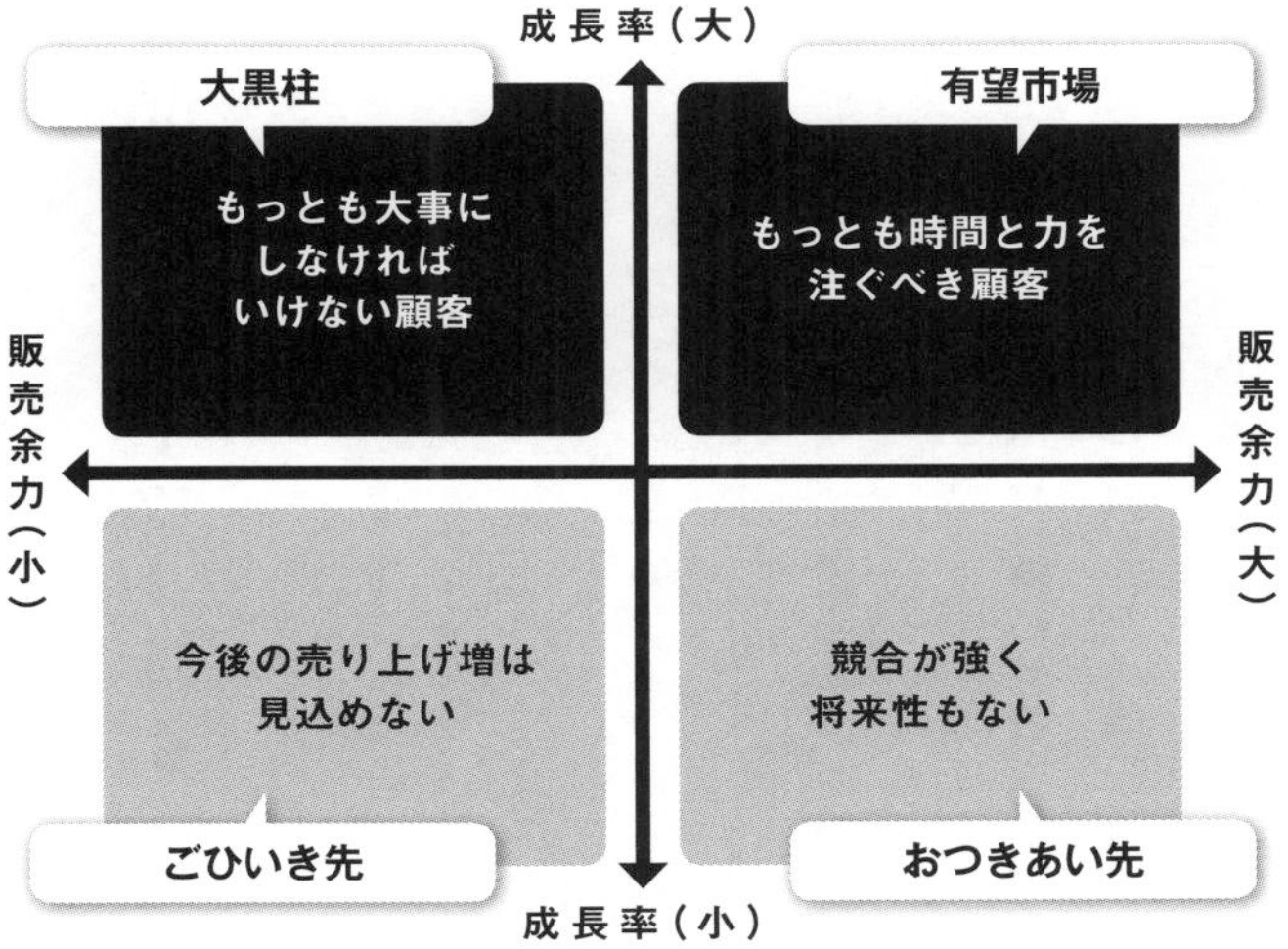

出典：『競争力強化のリストラ戦略』（小林裕著、プレジデント社）

労力を、すり減らすことになります。「ごひいき先」で時間を節約し、その時間を「有望市場」「大黒柱」へ振り向けないと、営業成績の向上にはつながりません。

加えて、**あなたにとっての「有望市場」は、競合会社にとっても有望先**であることを肝に銘じておきましょう。今後ますます競争が激しくなることを想定して、競合と差別化し、勝負できる領域を見つけておく必要があります。

このように、2軸マトリクスに、顧客をポジショニングしていくと、優先すべき顧客と、そうでない顧客が見えてくるのです。

「製品別ポートフォリオ」も2軸マトリクス

この顧客別2軸マトリクスは1960年代に、経営コンサルタント会社のボストン・コンサルティング・グループが開発した**「製品別ポートフォリオ」**（プロダクト・ポートフォリオ・マネジメント）を応用したものです。

「製品別ポートフォリオ」とは**市場成長率**と**シェア**の2軸を使い、その企業の商品グループを4つの象限に位置づけ、**商品ごとに最適な戦略を導き出そうとするフレームワーク**です。

この4象限に位置づけることで、**どの商品グループを伸ばし、どの商品グループを切り捨てればいいいか**が、誰の目にも明らかになりました。

次ページの図で具体的に見ていきましょう。

製品別ポートフォリオ

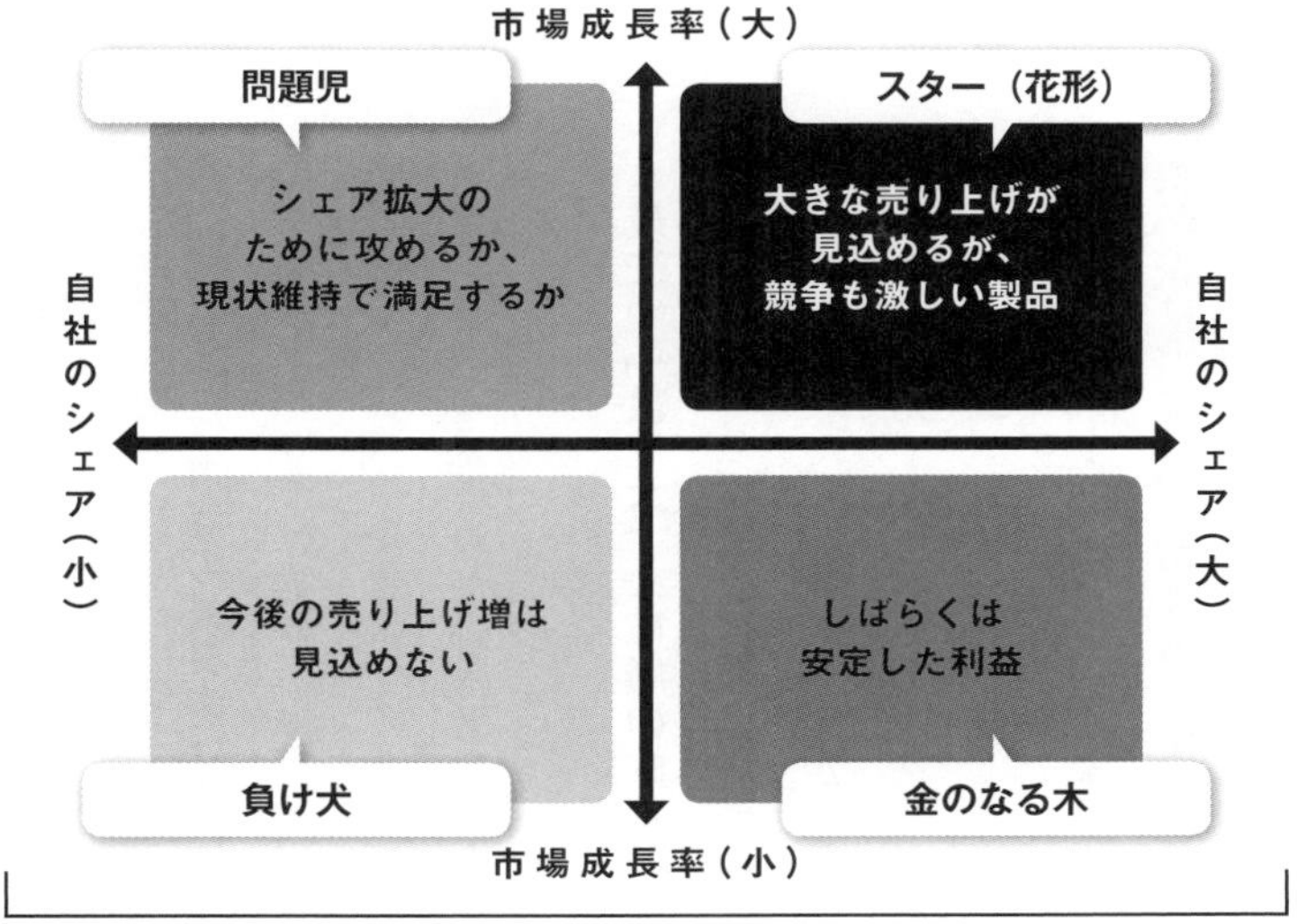

「スター」（花形）は成長率も高く、自社のシェアも大きい。今後も大きな売り上げが見込める製品です。

ただ、**競合他社にとっても魅力的**な製品のため、競争は激しく、いまの地位にあぐらをかいていると、シェアが低下する可能性があります。絶え間ないコストダウンや品質向上が求められるので、利益率はそれほど高くありません。

「金のなる木」は市場の成長率は大きくありませんが、高いシェアを維持しています。競合にとっては、あまり魅力的な製品ではないので、この製品から手を引いている可能性も高く、しばらくの間、安定した利益が得られます。

「問題児」は市場の成長率は高いものの、自社のシェアが小さいので、いまのままの営業スタイルでは売り上げアップは見込めません。

ただし、シェアを拡大するためにはきちんとした戦略が必要で、攻めるか、現状で満足するかの見極めが必要となります。

最後の**「負け犬」は市場の成長率は低く、シェアも少ない**ので、過去にどういういきさつがあったにせよ、**撤退・売却**という選択肢も考える必要があります。ビジネスを続けるとしたら、**コストをかけるべきではありません**。

ここまで見てくると、このフレームワークの応用力、可能性に気づいている読者も多いことでしょう。

この2軸マトリクスは、さまざまに応用がきくので、顧客の選別や製品ごとの営業戦略だけでなく、「**市場の分析**」にも使えます。

新たに立ち上げる学習塾で、勝負になる領域を考えると…

もうひとつ、2軸マトリクスを使って差別化戦略を考えてみましょう。

あなたは新たに学習塾を立ち上げようとしています。

ひと口に学習塾といっても、幼児教育から始まって、小学受験、中学受験、高校受験、大学受験や英語教育など、事業領域は細分化されています。そこで、どの領域に力を入れるべきかを、2軸マトリクスを使って検討してみます。

学習塾や予備校は、少子化の影響で、市場の成長率が低いとされている産業です。好調な塾・予備校と、業績が悪化する塾・予備校の二極化も進んでおり、最近では通信教育のZ会（増進会出版社グループ）が栄光ホールディングを買収（2015年）したり、ナガセ（東進ハイスクール）が中学受験大手の四谷大塚をグループ会社化（2006年）したり、また大学受験大手の早稲田塾を完全子会社化（2014年）したりするなど、

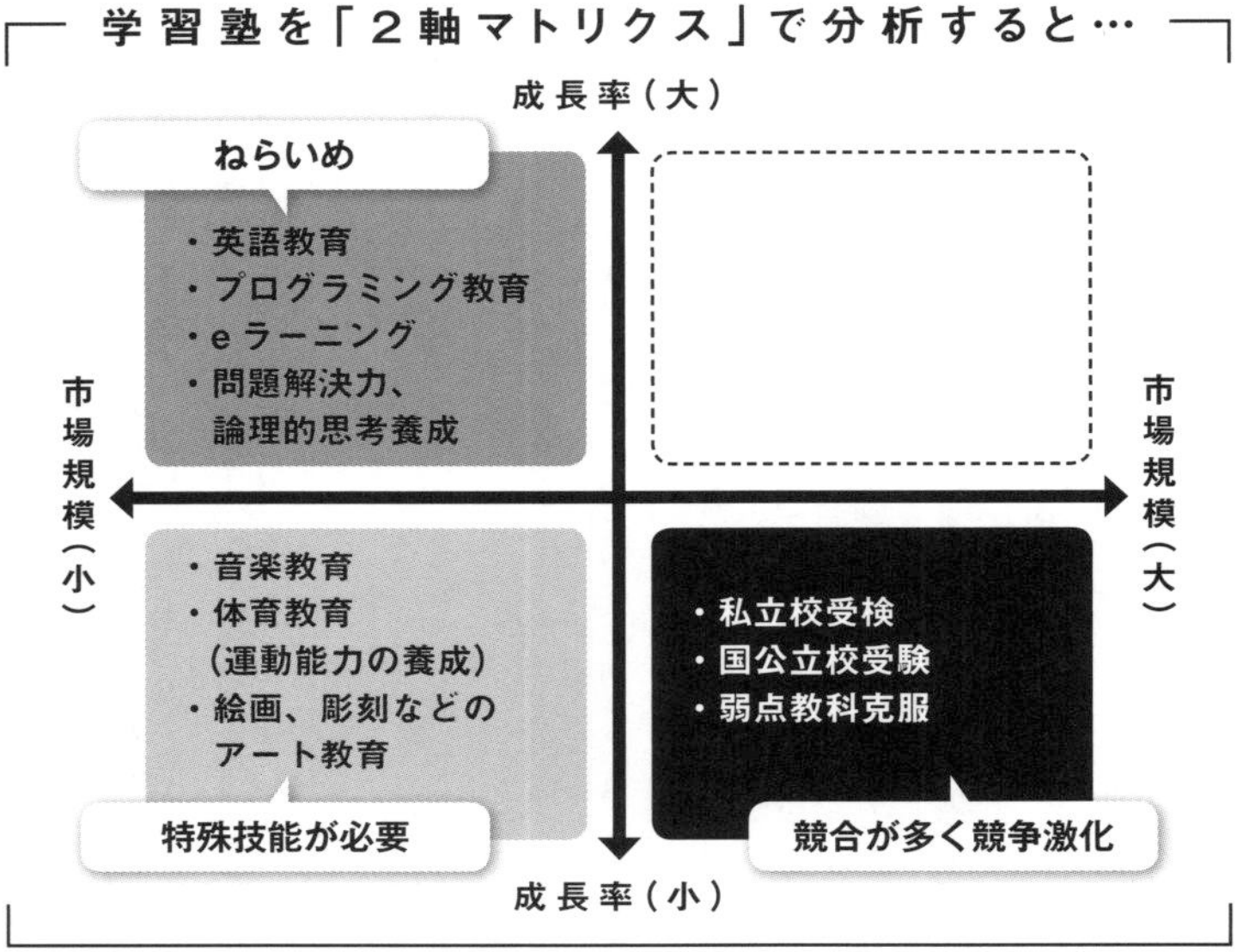

業界内の再編やM&Aも話題になっています。

そういう状況ですから、いまから学習塾を立ち上げるとしたら、**勝負する領域**を明確にし、そこに、あなたの**時間と労力などの資源を集中的に投入**する必要があります。

ねらいめは**左上の成長率が高く、市場規模の小さい**市場です。

右下の市場は**市場規模は大きい**のですが、そもそも教育産業が成熟産業であるだけに、国私立校受験や公立の中高一貫校受験に強い学習塾はすでに乱立状況。後発で参入するとなれば、**激しい競争**を覚悟しなくてはなりません。リスクが大きすぎます。

左下の音楽教育や体育教育、アート教育は、特殊な技能が必要で、そうした技能を持っていないあなたは、そもそも選択しないほうがいいでしょう。

2020年度から小学校の学習指導要綱が改訂され、**プログラミングや英語が必修化され、評価の対象となります**。

評価の対象となるということは、教育産業として大きなニーズが出現することを意味します。すでに一部の塾は、授業にプログラミングや英語を取り入れるなど準備を進めていますが、業界全体としてはまだニーズに応えられている体制ではありません。

eラーニングも、スマートフォンやタブレットの普及で利用者は多くなっていますが、新規参入が相次いでいるうえ、無料のコンテンツも多く、あまり魅力的な分野とは思えません。

そこであなたは、市場規模が大きい国私立受験に目配りしながらも、英語教育やプログラミング教育を軸とした学習塾を構想し、その準備をスタートさせることにしました。

このように、２軸マトリクスのフレームワークは、**ターゲット層の選定や商品戦略、市場分析や差別化戦略**など、マーケティングの幅広い分野で有効に活用できるのです。

第6章

製品開発から販売戦略までカバーする「4P」

本章で取り上げるその他のフレームワーク…プロダクト・ライフ・サイクル

自社製品のステージを知る「プロダクト・ライフ・サイクル」

本章では、新製品開発や販売戦略づくりに有効なフレームワークを見ていくことにします。

あなたはコンサルタントで、上司から**カメラメーカーD社の新製品開発への支援**を命じられたとしましょう。

さて、何から手をつければいいでしょうか。

新製品開発を行う際、マーケティングの世界の有名なフレームワークに**「プロダクト・ライフ・サイクル」**（PLC）というものがあります。

これは、ひと言でいえば、**製品やサービスの一生**のことです。

製品・サービスが誕生し、消費者・ユーザーに受け入れられ、売り上げを伸ばし、

プロダクト・ライフ・サイクル

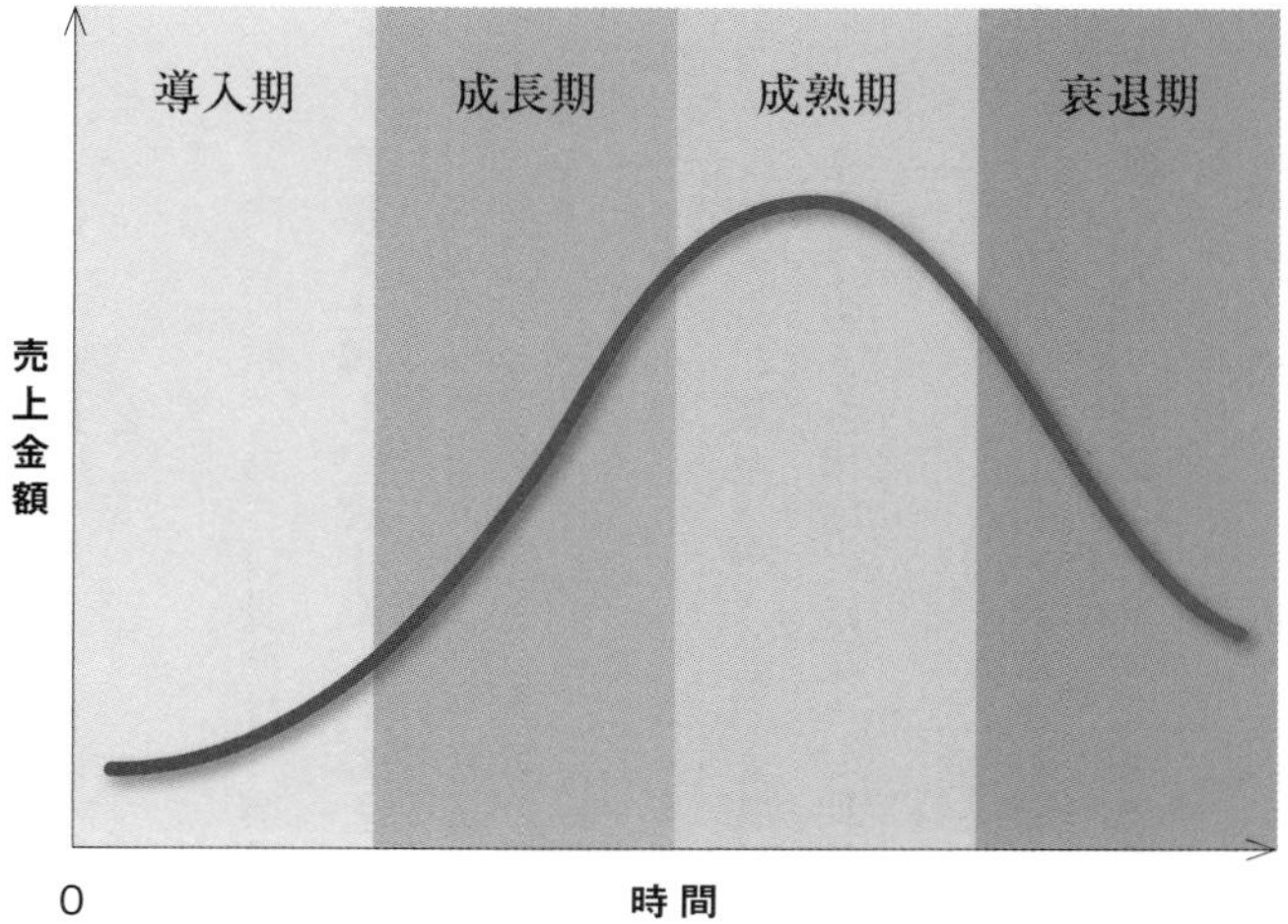

安定した収益をあげるようになり、そのうちに売れ行きが悪くなって製造・販売中止に至るまでのサイクルです。

一般的に、プロダクト・ライフ・サイクルは上図のように、**①導入期** **②成長期** **③成熟期** **④衰退期**の4つのステージで表されます。

導入期とは**事業の立ち上げの時期**で、研究開発や設備投資に多額の費用がかかります。しかも製品の知名度は低く、マーケティングにも相応の費用をかけることになります。ただし、多額の費用をかけたからといって、売り上げが伸びるとは限りません。

結局、成長期を迎えられず、市場から退

場する製品・サービスも少なくありません。
むしろ成長期へたどり着ける製品・サービスは、まれといってもいいでしょう。

次の段階である成長期は、**製品・サービスが消費者・ユーザーに受け入れられ、知名度も上昇し、売上高・利益ともに大きく伸びる時期**のことです。
多少のマーケティング上のミスや失敗はあっても、それさえプラスに変えて発展の軌道にのります。

成熟期は**製品・サービスが市場に行き渡っている時期**です。売り上げの上昇率は鈍り、そのうち横ばいになり、利益は減少し始めます。

衰退期は**売上高・利益とも減少し、やがて赤字となり、製品の生産・販売中止や事業の売却・閉鎖などを考えざるを得なくなる時期**です。

どんなに強力な製品・サービスであっても、このプロダクト・ライフ・サイクルから逃れることはできません。つまり、単品の主力製品に頼った経営を続けていると、その製品が成熟期から衰退期に移行したときに、会社も一緒に衰退することになりかねない、ということです。

ただし、すべての製品・サービスが必ず4つのステージをたどるとは限りません。発売された途端に売れ行き好調で導入期がないように見えるもの、成熟期が長く続き、衰退期を迎えそうにないもの、あるいは、発売されたものの消費者の興味・関心を引かず、成長・成熟期を迎えることなく、市場から消えていくものもあります。

ステージ区分は便宜的なもので、各ステージがいつ始まりいつ終わるのか、厳密な定義はありません。ただ**「自社の製品・サービスが、いまどのステージにあるか」を知ることで、マーケティング戦略、販売戦略を立てやすくなる**のです。

衰退期を迎えた商品のテコ入れ策とは？

カメラメーカーD社の新製品開発の話に戻りましょう。

実は、**デジタルカメラ市場**もプロダクト・ライフ・サイクルでいえば、明らかに衰退期を迎えています。

デジタルカメラの世界出荷台数を見ると、2010年には1億2000万台を超えていましたが、2017年は2497万台にとどまっています（カメラ映像機器工業会調べ）。わずか7年間で市場が5分の1に縮小したわけです。

デジタルカメラは重量も軽く、手軽に撮ることのできる**コンパクトデジタルカメラ**と、高品質で重量感のある**レンズ交換型カメラ**（ミラーレスや一眼レフなど）の2つに分けることができます。

ただし、SNSの普及で、撮ってその場で投稿できるスマートフォン（スマホ）のほうが、はるかに使い勝手がよいため、消費者に支持されています。その結果、デジタルカメラ全般、特にスマホと競合するコンパクトデジタルカメラは売れなくなり、市場も縮小しました。

まず、2018年にはコンパクト専業だったカシオが市場から撤退しました。

さらに、ニコンやキヤノン、オリンパスといった大手カメラメーカーのコンパクトデジタルカメラも、2010年をピークに下降曲線をたどり続け、2018年の年間販売台数は、ピーク時の4分の1にまで落としています。

ところが、ここにきて急速に普及した**インスタグラム（Instagram）の影響**で、一眼レフやミラーレスなど**「レンズ交換型市場」の縮小スピードが鈍化**してきました。「インスタ映《ば》え」「フォトジェニック」をねらう若い世代が、**スマホでは撮りきれない高品質な写真を求めるようになった**からです。

ただ、ミラーレスや一眼レフなどのレンズ交換型は**コンパクトデジタルカメラに比べると重く、女性には扱いにくいという難点**がありました。

そこであなたは、デジタルカメラ市場のプロダクト・ライフサイクルを分析。全体としては衰退しているものの、市場を細分化してみると有望なセグメントもありそうだと見込みをつけました。

衰退市場で有望なセグメントはどこか？

有力な競合メーカーも多く、競争の激しい市場で新しい製品・サービスを考えるため、第5章で見た「ポジション・マトリクス」を使って考えてみましょう。

ポジション・マトリクスは「緊急・重要度のマトリクス」として、**物事を実行する際の優先順位を明らかにするのに効果的なフレームワーク**ですが、いろいろな応用が可能です。

デジタルカメラの「ポジション・マトリクス」

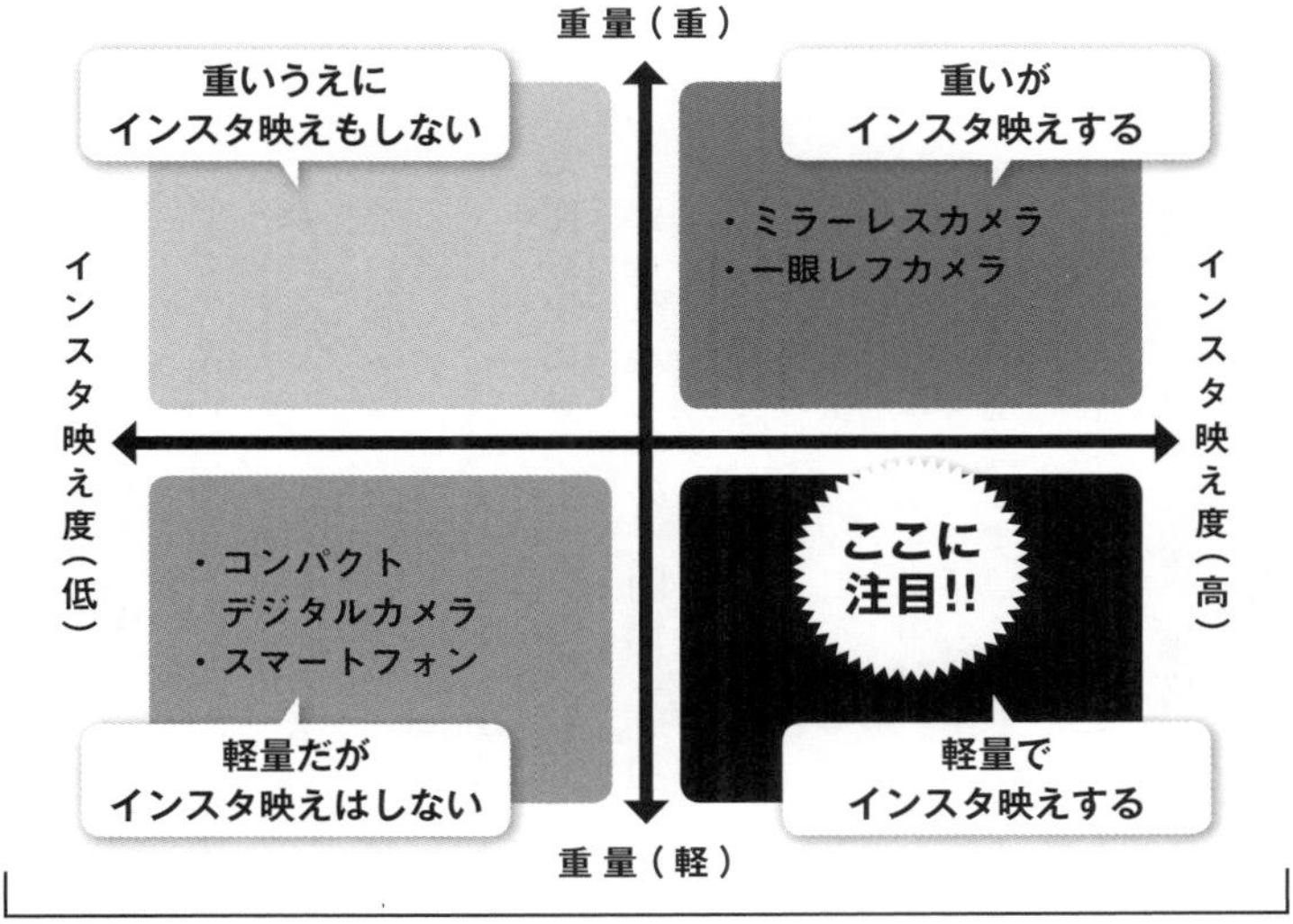

新製品開発に使えば、どのようなポジションの製品・サービスとして、かたちにすればいいのかを明らかにすることができます。

そこであなたは、上図のように**タテ軸に「重量」、ヨコ軸に「インスタ映え度」**をとり、デジタルカメラのプロダクト・ライフ・サイクルとポジショニングを検討することにしました。

その結果、いろいろなことが見えてきました。

左下の象限にあるコンパクトデジタルカメラは、スマホと正面から競合しており、SNSとの連動を考えると、通信機能を備えたスマホに軍配があがったのは当然のことです。

そこであなたは、右下の象限の**「軽量でインスタ映えする」**に注目しました。「SNS用に見栄えのいい写真を撮りたい」「ミラーレスも一眼レフも重くて扱いづらい」といった女性の声が多いにもかかわらず、これまでそうした声に応える製品が出ていなかったからです。

そこで、あなたはD社に対し、**従来のデジタルカメラとは一線を画した「最軽量の一眼レフカメラ」**という新製品の開発を提案しました。技術陣のなお一層の頑張りが求められるものの、開発に成功すれば、新しい市場を開拓できるのは間違いありません。

このように、ポジション・マトリクスを使用する際は、**タテ軸・ヨコ軸の指標に何をとるか**が重要です。ここでは「重量」と「インスタ映え度」をとりましたが、それはこのフレームワークを何に使いたいのか、という「目的」によっても変わります。

ほかにも機能、品質、価格、スタイル（デザイン）など、さまざまな指標が考えられ、**まだない市場を探し出したり、差異化戦略をとる**うえで、非常に有効なツールです。

企業と消費者の両方の視点で戦略を練る「4P」

4P（マーケティング・ミックス）

さて、マーケティングに欠かせないフレームワークに「4P」（マーケティング・ミックス）があります。

4Pとは、「Product《プロダクト》」（製品）「Price《プライス》」（価格）「Place《プレイス》」（流通）「Promotion《プロモーション》」（販売促進）の頭《かしら》文字をとったもので、米国のマーケティング学者、ジェローム・マッカーシーが唱えました。

プロダクト

顧客ニーズに応えつつ差別化を図る

プロダクトとは**製品**のことです。

ここでも第4章（101ページ）で見た市場・顧客、競合、自社の「3C分析」のフレームワークが有効です。ただし、実際に使ってみると、市場・顧客、競合より自社の都合が優先されやすいことがわかります。

3C分析は「自社の事情を明らかにする」ためだけに使うものではありません。ここを間違えると、せっかく3C分析を使っても、競合に負けたり、顧客に振り向いてもらえない「勘違い戦略」に力を入れてしまったりすることになります。

たとえば、ある自動車メーカーは、それまで生産していた人気小型車をモデルチェンジする際、**アジアの新興国での生産に全面シフト**する戦略を採用しました。

競合の小型車は国内で生産しているので、アジアで生産すれば、コスト面では優位に立てます。ユーザーも低燃費のエコカーとして優位性があれば国内生産でなくても、これまで通り購入するだろうと考えました。

ところが結果は、これまで新車登録台数で年間ベスト10に入る人気車種だったものが、ベスト10の圏外になってしまいました。

ユーザーは**「アジア新興国で生産されたものは、国内生産されたものに比べるとクオリティが下」**と判断し、コストの安さに魅力は感じながらも、品質に対する不安を凌駕するほどにはならなかったのです。

結果的に、競合の国内生産車に顧客を奪われてしまいました。

ポイントは**「競合」**と**「顧客」**です。**顧客のニーズに応えたうえで、競合他社の製品と、いかに差別化するか**が重要だったのです。

製品自体に強み・特徴がないと、いくらプロモーションや販売を頑張っても、なかなか売り上げは伸びていきません。

マーケティングでいう差別化とは、他社の製品・サービスより魅力的だと思ってもらうために、**自社の製品・サービスに対して、機能や品質、デザイン、価格、購入方法、販売後のアフターフォローなどの"独自性"（強み）を持たせること**です。

他社製品・サービスとの違いを明確に打ち出さなければ、消費者・ユーザーは手を出そうとはしません。

プライス

「需要」「競合」「コスト」の3要素で適正価格を決める

プライスとは、**製品・サービスの値段**を決めることです。ある側面では、製品開発そのものより重要な意味を持つことさえあります。

価格設定が成功すれば、その製品・サービスは受け入れられ、順調に売り上げを伸ばし、「スター」「金のなる木」（→第5章 139ページ）に成長する可能性があります。

反対に価格設定に失敗すると、消費者・ユーザーに拒否され、創業期さえ乗り越えられず、そのまま消えてしまうかもしれません。

発売前には大ヒット製品になると思われた製品・サービスが、価格設定に失敗してしまったばかりに、たちまち消えてしまった例も少なくないのです。


既存事業も例外ではありません。

たとえば、均一料金で有名なある居酒屋チェーンは、材料費や人件費の高騰を理由に、2017年に全品280円均一から298円均一へと値上げしました。

効果は顕著でした。4カ月後から客数が減少し始め、2019年になっても全店売上高は前年割れを続けています。

もちろん、価格設定だけが理由だと断定はできませんが、値上げが客離れの契機になったことは疑いようがありません。

価格設定には**予想売上高、コスト、競合の価格などを考慮に入れ、大枠を決める「価格戦略」と、販売の現場で、市場の動向などを見ながら、値引きやキャンペーン価格などを決定する「価格戦術」**があります。

価格決定の3要素

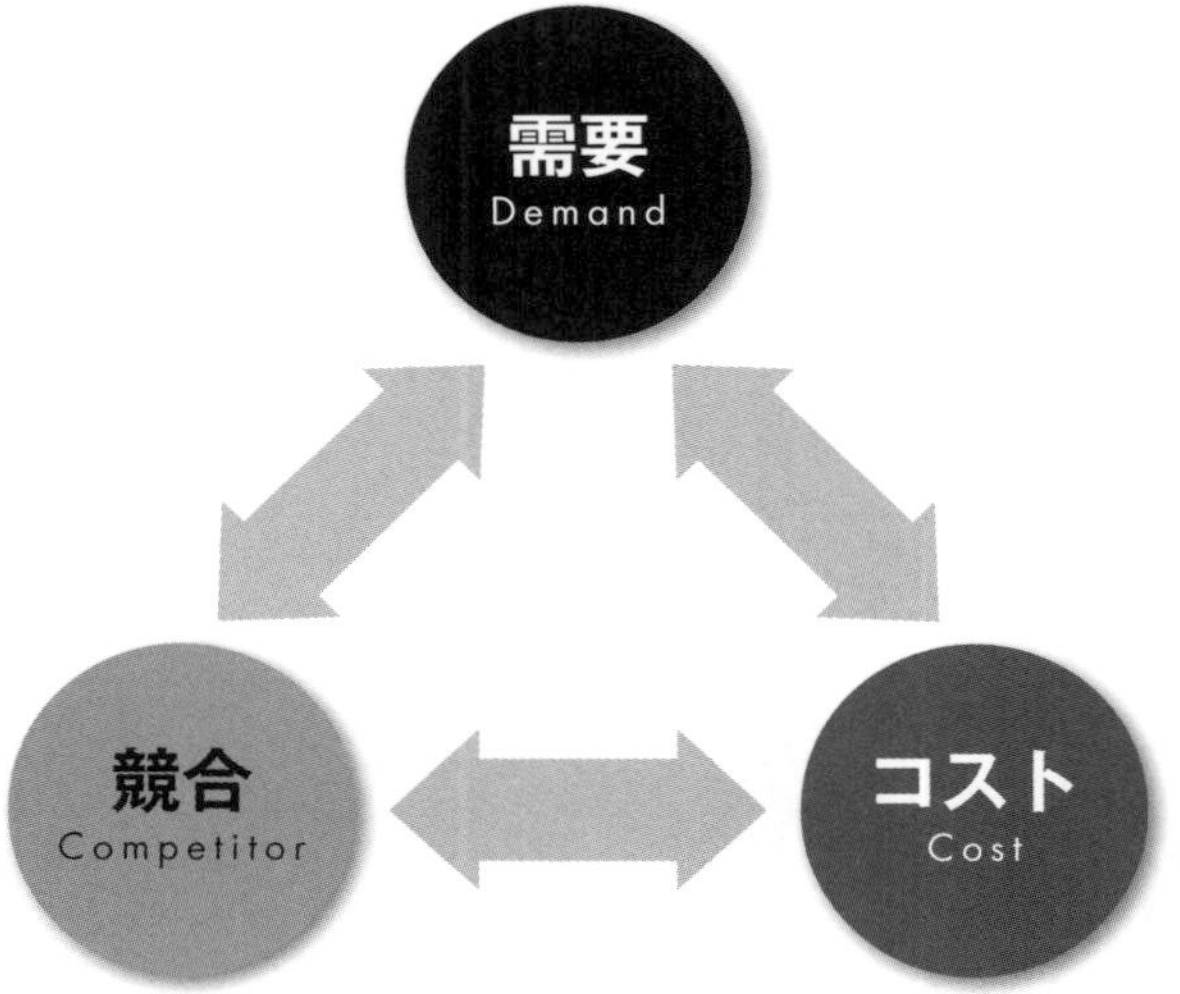

あなたがD社に提案した「最軽量の一眼レフカメラ」も、価格戦略を間違えるとターゲットとした顧客が食いついてきません。

価格決定の際、考慮に入れるべきは**需要とコスト、競合**の3点です。

実は、この3点は「3C分析」（↓第4章101ページ）の「競合」をそのままに、市場・顧客を「需要」、自社を「コスト」といいかえたものにすぎません。3C分析が、いかに普遍性を持ったフレームワークであるか、このことからもわかります。

市場シェアをとるのか、利益をとるのか、大きな方針を決める

価格設定のプロセスは次のようになります。

1. 価格設定の目的・方針を決める
2. 需要を判断する
3. コストを考慮に入れる
4. 競合他社のコストや価格を分析する
5. 価格設定の基準を決める
6. 価格を設定する

まず、1の「価格設定の目的・方針」については、これらを明確にすることで、価

格設定そのものが、やりやすくなります。

目的とは、ざっくりいえば、**市場シェアをとるのか、利益をとるのか**です。シェアの確保が大事だと思えば、比較的安い価格を設定し、できるだけ多くの消費者・ユーザーの獲得を図ります。

あるいは、それなりの利益を出したいのであれば、比較的高い価格を設定し、一定の消費者・ユーザーに支持されることを目指します。最初はあえて安めの価格を設定し、市場への浸透を図る戦略も考えられます。

2の「需要」は、**1の「価格設定」とトレードオフ**の関係にあります。一般に需要が小さい（買う人が少ない）と予想されれば価格を高く設定し、需要が大きい（買う人が多い）と予想されれば価格を安く設定します。

たとえば書籍は、小説やビジネス書、教養書などは比較的安価なのに対し、医学やアートなどの専門書は、高額に設定されることが多いようです。

3の「コスト」については、**製造コストのほか、流通・販売・マーケティングコスト、人件費**などがあります。廉価戦略をとる場合でも、コストを下回る価格を想定するわけにはいきません。一部の例外を除いて、コストの合計が価格の下限となります。

4の「競合他社のコストや価格の分析」も欠かせません。

競合他社が、自社と同等の品質・機能の製品やサービスを、自社の価格より安く販売したり、自社よりも優れた製品やサービスを同じ価格で販売している場合、顧客が競合に流れてしまうので、価格設定の変更が必要になります。

5の「価格設定の基準」とは、**「需要」「コスト」「競合」の3つの要素のうち、どの要素に力点を置くのか**を決定することです。

1~5のプロセスを踏まえたうえで、最後に適切な価格を設定します。

あなたはD社の「最軽量の一眼レフカメラ」の価格をどうするのかを、提案しなければいけません。

そこで、ポジション・マトリクスを使って、D社の製品の価格帯を整理しみたところ、次ページの図のようになりました。

D社の価格を「ポジション・マトリクス」で整理すると…

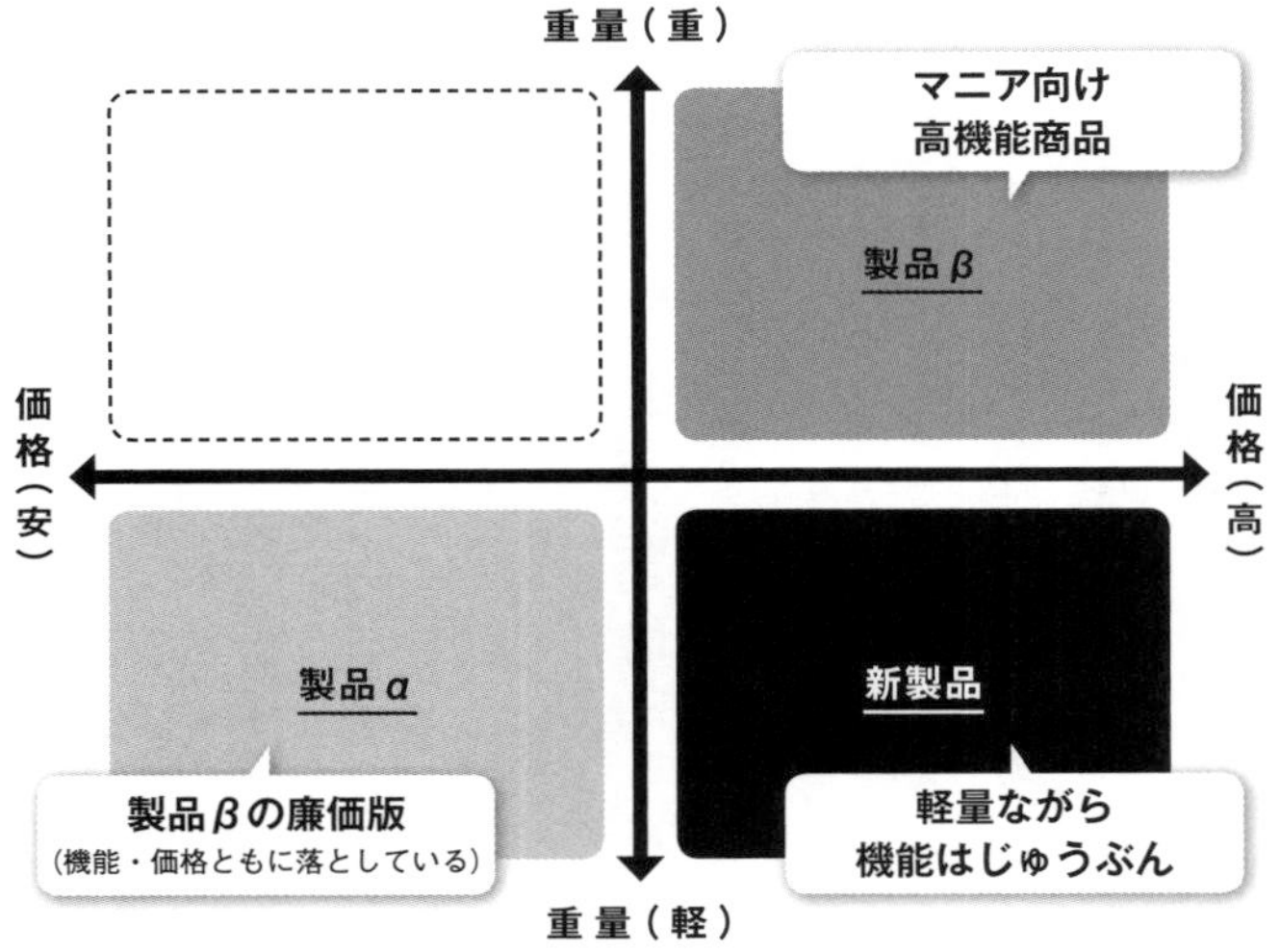

D社はコンパクトカメラの生産は、すでに停止しており、現在は高機能(重い)・高価格の製品βグループと、それより若干、機能と重量を落とした製品αグループの2つの製品グループが主力です。

新製品はコスト面では軽量化のために多額の開発費がかかったので、製品αより高額に設定したいところです(①コスト)。

しかも、競合他社が実現していない「最軽量の一眼レフカメラ」ですから、**差別化もできています**(②競合)。

主たるターゲットは若い女性で、決して可処分所得は多くはありません。ただし、インスタグラムなどのSNSと慣れ親しんであり、**相当な需要が見込めます**（③需要）。

こうした要素を考慮に入れ、あなたは新製品の価格を**製品αグループよりも高いが、製品βグループよりも安く設定**して、D社に提案しました。

プレイス　マーケティング戦略全般の総仕上げ

プレイスとは販売チャネル（流通網）のことです。製品・サービスを売るための卸と小売のルートを指します。

米国の経営学者で、「マーケティングの父」といわれるフィリップ・コトラーは「（チャネルとは）製品とその所有権を、生産地点から消費地点へ移動するためのあらゆる活動（機能）を行う機関（企業）の集合」としています。

企業にとって、販売チャネルの選択は**製品開発や広告・宣伝、価格設定などマーケティング戦略全般にかかわる重要事項**です。

通常は複数のチャネルを選択しますが、勢いのないチャネルを重視したばかりに売り上げが上がらなかったり、チャネル同士で顧客の奪い合いを起こしてしまったりするなど、チャネル選択を失敗した例も少なくありません。

反対に、チャネル選択に成功すれば、卸売、倉庫業者、小売り、消費者などとの良好なネットワークをつくることが可能になります。

すべての関係者とともに繁栄することに目的を置けば、販売チャネルは**単に売り上げ・利益を最大化するための手段ではなく、バリュー（価値）を探求し、創造し、伝達し、提供する手段**となります。

販売チャネルとして一般的なのは、スーパーやデパート、専門店、セレクトショップ、量販店などです。また、業界独自の独特な販売チャネルとして、自動車のディーラーや保険の販売代理店なども挙げられます。

販売チャネルを設計する際の3つの取り組み方

企業が販売チャネルを設計する際、一般に3つの取り組み方があります。

第1は、**多数のチャネルをつくる**方法です。食料品や日用雑貨、電機製品などは、できるだけ多くの小売店に置いてもらわなければ売り上げが伸びません。多数の卸―小売りルートを使い、チャネルの多様化を図るわけです。

第2は、**ひとつのチャネルにしぼりこむ**方法です。卸―小売りなどに独占販売権を与える代わりに競合会社の製品は扱わないよう、契約を結びます。チャネルを管理しやすく、販売キャンペーンや店頭イベントなど、小売りと一体でプロモーションを行えるというメリットがあります。

第3は、1と2の中間的なもので、**少数のチャネルを設定する**方法です。家電製品が代表的な例です。家電製品には伝統的に、家電メーカー→地域別総代理店→販売会社→系列の地域家電店というチャネルがありました。その後、大型家電量販店の伸長で、家電メーカーも量販店チャネルを重視するようになりました。

一方、昨今はメーカーが直接、消費者に販売する例も増えています。メーカー直販、ダイレクト・マーケティングと呼ばれる販売形態です。背景に、インターネットを活用することで、実店舗運営にかかわるコストの問題がクリアされ、顧客とじかに接する通信販売チャネルを運営しやすくなっていることがあります。

プロモーション

購入へと後押しする活動のすべて

プロモーション（販売促進）は、**製品・サービスを消費者・顧客に告知し、興味・関心を呼び起こし、ほしいという気持ちにさせ、購入へと後押しする活動のすべて**を指します。マーケティングの4Pの中核的な要素で、次ページの図の4つに分けることができます。

1の**「広告・宣伝」**は**有料の媒体（メディア）を使って、企業名、ブランド名、製品・サービス名を広く告知する**方法で、媒体にはテレビ・ラジオ、新聞・雑誌、インターネット・ニュースサイト、屋外広告（看板・ポスターなど）、ダイレクト・メール、カタログ、チラシなど多種・多様なものがあります。

2の**「パブリシティー」（PR）**は**新聞・雑誌、テレビ・ラジオ、ニュースサイトなどでニュースやトピックスとして無料で紹介されること**などをいいます。

プロモーションを構成する４つの要素

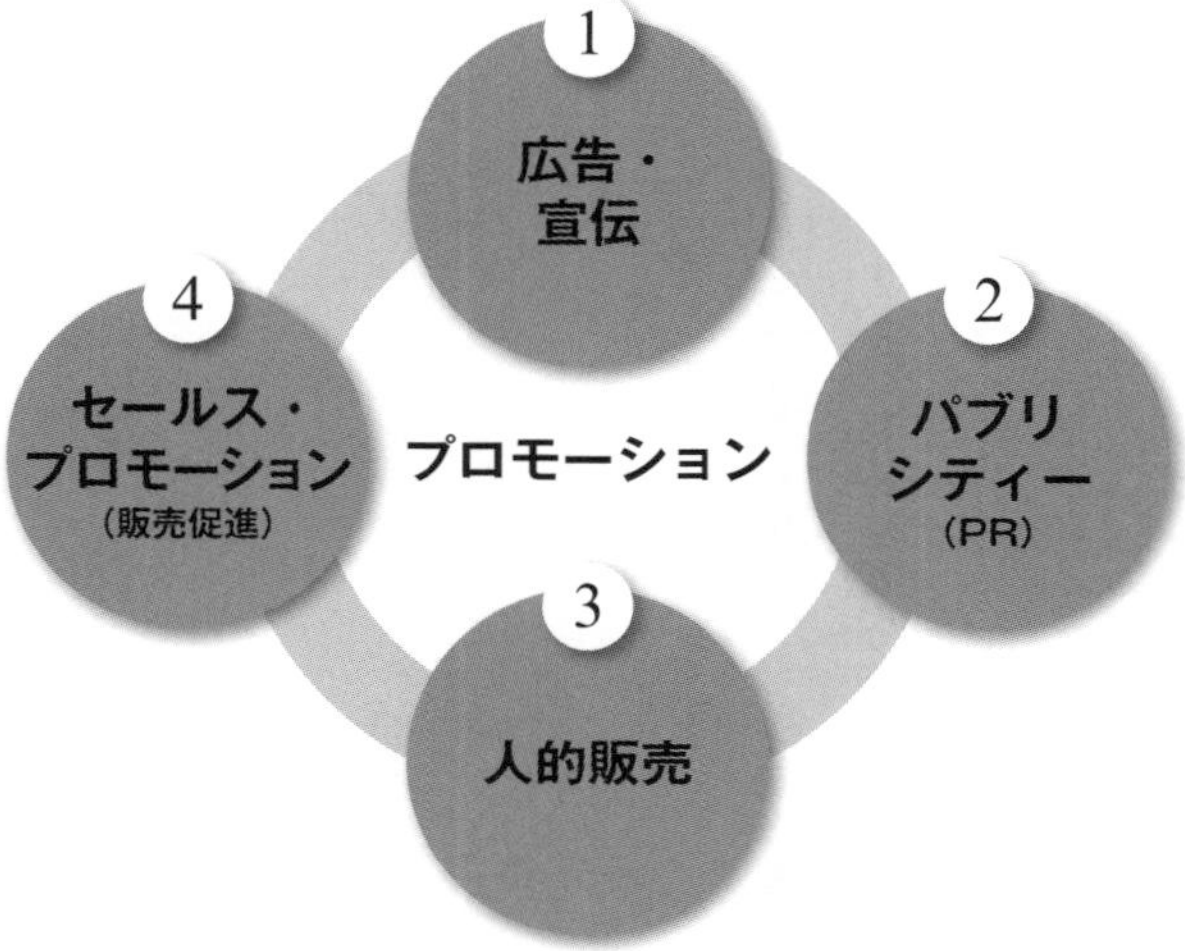

相当著名な企業の画期的な製品でもない限り、媒体が自発的に商品やサービスを取り上げることはないので、企業はプレスリリース（報道用資料）やパンフレット、試供品などを媒体に送ったり、新製品発表イベントをしかけたりするなど、積極的な告知をしています。

3の**「人的販売」**とは、**店頭での接客をはじめ、訪問営業などセールス全般**を指します。

これは、販売現場での呼びかけやデモンストレーション（実演）・プレゼンテーション（発表）なども含まれます。

4の**「セールス・プロモーション」（販売促進）**とは、**広告・宣伝、パブリシティ**

ー、**人的販売以外のプロモーション活動**のことです。消費者・顧客を対象にした見本や試供品、クーポン、割引券、懸賞、販売促進用グッズ、プレミアム・グッズ（特別な製品）、ポイントカード、マイレージなどの提供、小売業者を対象にした値引き、報奨金、店内ポスター、パンフレット、イベント支援などがあります。

さて、D社の新製品は、そもそも「インスタ映え」をねらったものですから、あなたはインスタグラムに新製品の公式アカウントを開設し、そのカメラで撮影した写真の投稿を募る、さまざまなキャンペーンを企画しました。一連のキャンペーンは、新製品の導入期に多くのファンの獲得に成功し、売り上げ向上に貢献しました。

あなたは**プロダクト・ライフサイクルを分析し、新たな顧客を獲得できるポジションを発見**したことで、**衰退市場における新製品開発**という難しい課題を、見事に解決してみせました。

この例が示すように、マーケティングのフレームワークを活用することで、新製品開発を成功へと導くことができるのです。

第 III 部

目標達成フレームワーク

第
7
章

バリューを生み出す「ビジネスシステム」

本章で取り上げるその他のフレームワーク…バリューチェーン

バリューを出せる人が求められる時代

昨今、労働に対する評価軸が大きく変化しようとしています。

長らく長時間労働を評価する傾向にあった日本企業が、「どれだけの時間働いたのか」から「どれだけの成果を出したのか」という評価軸へと移行し始めています。

私が働いていたマッキンゼーでは、長時間労働が評価されることはありませんでした。仮に残業を愚痴ろうものなら、

「それは、たいへんだったね。で、結局、どれだけバリューを出したの?」

といった言葉が飛んでくるでしょう。

バリューとは文字通り「価値」という意味で、簡単に言うと**自分やクライアント、相手にとっての「メリット」**のことです。

あなたが、その仕事をすることで、**自分自身や顧客、仕事相手に、何らかのメリットを与える**。それこそが**バリューのある仕事**だといえます。

たとえば、コーヒーチェーン店が顧客に提供する価値は、何でしょうか。

スターバックスであれば、家（第1の場所）でも勤務先（第2の場所）でもない**「第3の場所」を提供すること**です。

単に、おいしいコーヒーが飲めるカフェというだけではなく、おしゃれな空間と座り心地のいいソファを用意することで、ゆったりくつろいだり、リラックスして友人とおしゃべりを楽しんだり、Ｗｉ-Ｆｉを使いながらパソコンで仕事をしたり、といった具合に、**自由に過ごせる空間を提供**しているわけです。

カフェ空間を知的な活動やくつろぎの場とする。これこそがスターバックスの提供しているバリューといえます。

ビジネスパーソンであれば、たとえばクライアントのために的確な問題解決策を提案したり、ニーズに応えた新製品戦略を示したりといったことが求められ、社内でプロジェクトチームに属しているのであれば、そのチーム全体の価値をどれだけ上げられたかといったことが問われます。

長時間、オフィスで残業しようと、睡眠3時間で頑張ろうと、バリューを出せなければ評価されませんし、クライアントを満足させることもできません。

反対に1日8時間しか働かず、毎日、定時に帰宅したとしても、きちんとバリューを出していれば何の問題もないわけです。

生み出したバリューだけが評価の対象

マッキンゼーでのバリューは「クライアント・インタレスト・ファースト」で、**クライアントの利益を最大化すること**です。コンサルタントは、クライアントの利益を最大化するために、自分が生み出せるバリューは何かを常に問われます。

評価の対象は、生み出したバリューだけ。バリューを残した人だけが一目置かれ、リスペクトを集めます。

それがマッキンゼー流なのです。

私は在職当時、クライアントがハッとするような仮説を見つけて検証すること、現場から問題解決や新しい知見につながる生の情報を集めることなどを、自分の仕事のバリューと決め、常に意識していました。

どんな価値を提供しているかを分析する「バリューチェーン」

では、バリューを最大化するためには、どうしたらよいのでしょうか。

本章では、そのためのフレームワークとして、まず**「バリューチェーン」**を紹介しましょう。

バリューチェーン

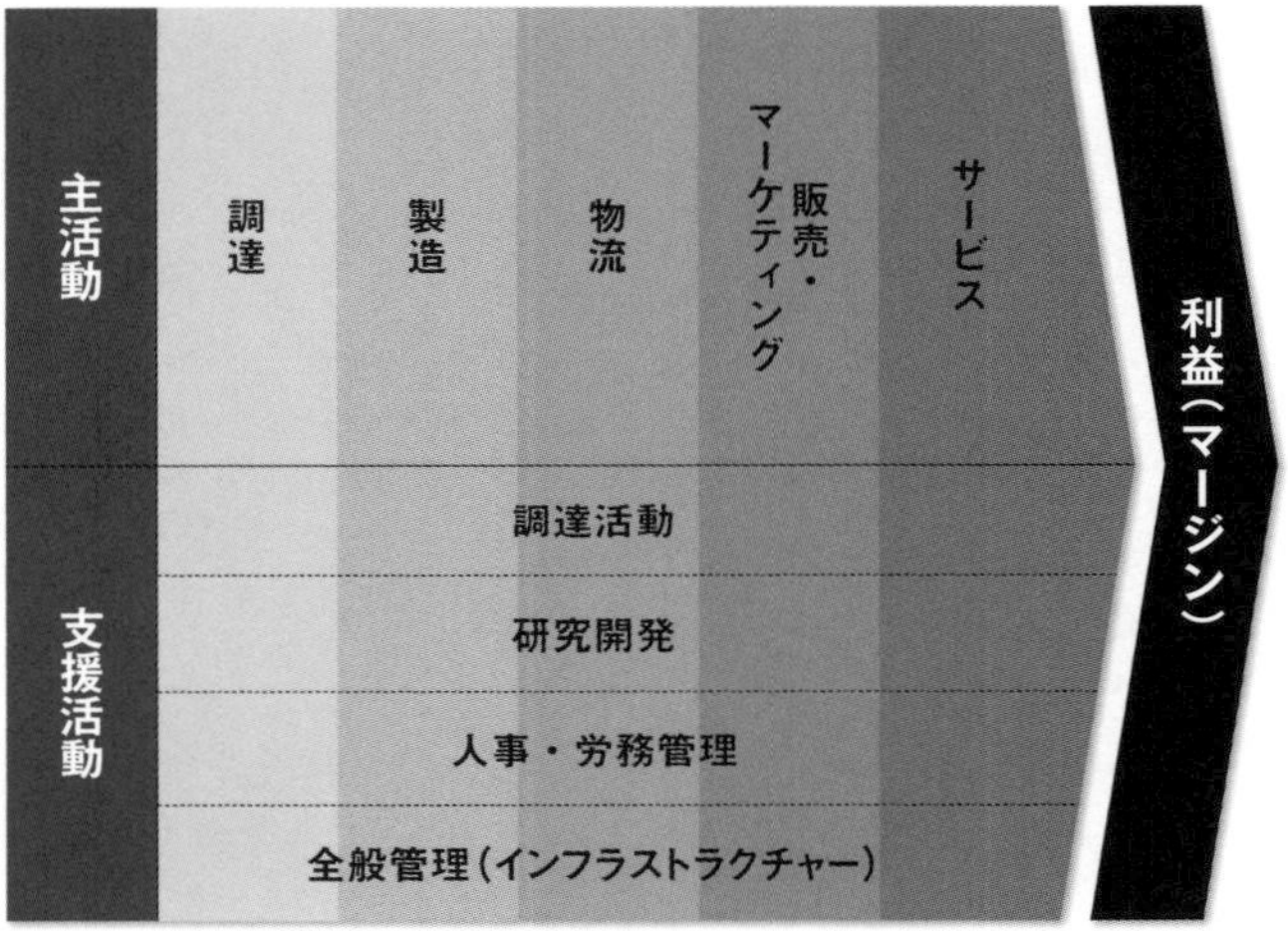

バリューチェーンとは、**企業の機能・活動の流れやプロセスに焦点をあて、どのような価値を提供しているのかを分析するフレームワーク**です。

マイケル・ポーターが著書『競争優位の戦略』（ダイヤモンド社）の中で打ち出しました。

ポーターは企業の価値提供に直接的に貢献している機能・活動を**「調達」「製造」「物流」「販売・マーケティング」「サービス」**の5つとし、それらを間接的に支援する機能・活動として**「全般管理」（インフラストラクチャー）「人事・労務管理」「研究開発」「調達活動」**の4つを挙げました（上図）。

必要な要素を連続した流れで見る「ビジネスシステム」

次に紹介する**「ビジネスシステム」**も、バリューチェーンと同様に、**物事を流れでとらえるフレームワークで、「事業を行ううえで必要な要素を機能・工程ごとに分けて、連続した流れ（業務フロー）にまとめたもの」**です。自社のビジネスシステムを競合と比較することで、どの機能や工程の何で差別化を行うかを考えることができます。

たとえば、メーカーであれば、「開発・設計→部品調達→製造→マーケティング→物流→卸し→販売」といった一連の流れがありますし、さらに製造の工程を「加工→組み立て→塗装」や「A工程→B工程→C工程」などのように、**「サブシステム」**に分割することができます。

もちろん、サブシステムも複数の工程から成り立っているので、加工をさらに細分化

メーカーの「ビジネスシステム」

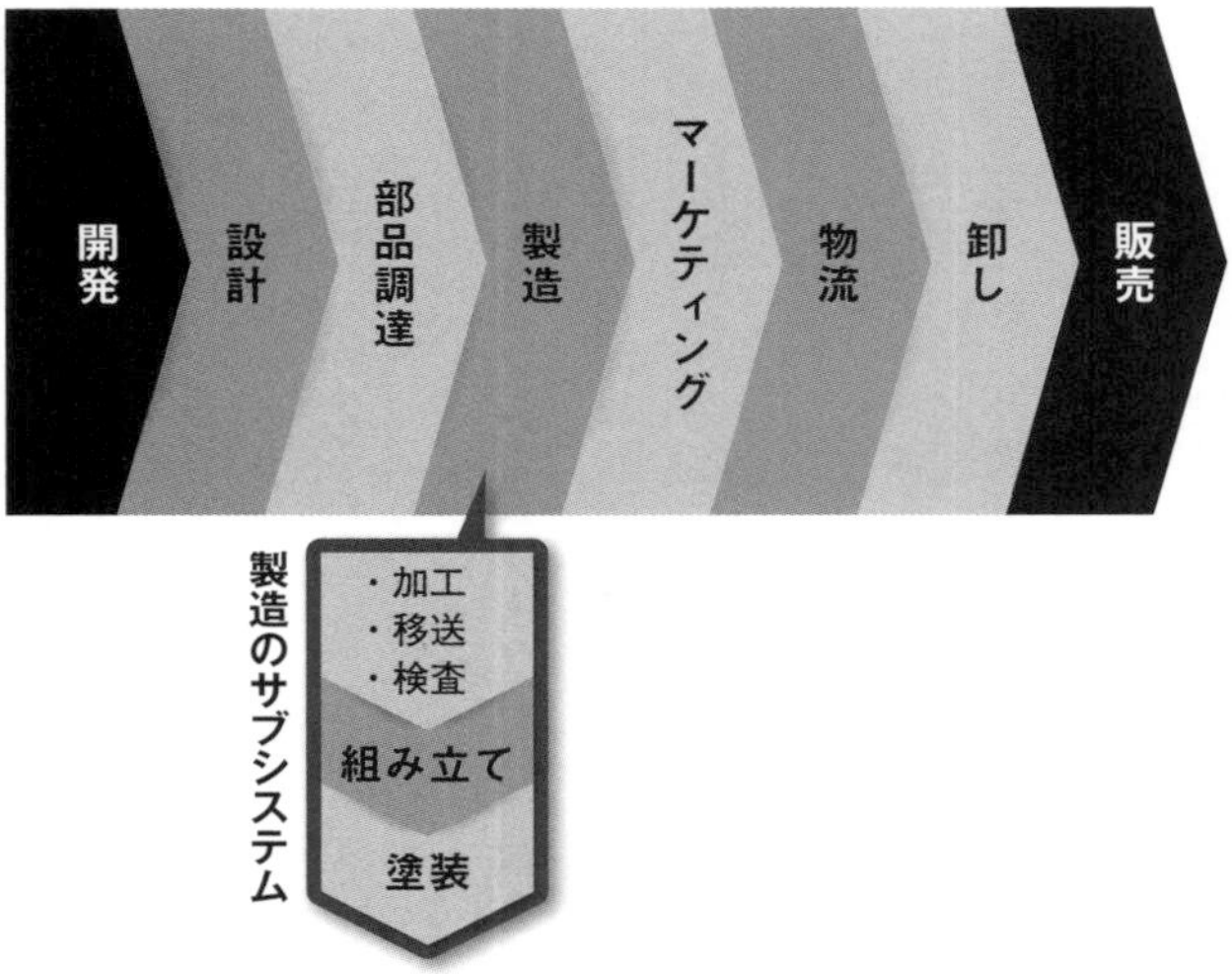

して、「加工→移送→検査」といった流れとしてとらえることもできるでしょう。

こうして、それぞれの工程ごとに、やらなければいけないことをピックアップしていくと、やるべきことが明確になります。

部品調達の工程なら、必要な部品は何かを明らかにし、それを製造している会社、もしくはこれから製造してくれそうな会社を探し出さなくてはなりません。

具体的には、複数の会社から見積もりをとり、仕入れ価格を交渉し、品質や生産能力、経営の安定性などさまざまな条件を吟味しながら調達先を選定するのです。

このように、ビジネスシステムを使って、**作業プロセスを一つひとつ明らかにする**ことで、**作業の抜けや漏れを防ぐ**ことができます。

全体の流れをつかみ、プロジェクトの設計図をつくる

スポーツでも同様です。

たとえば、バレーボールがうまくなりたいと思って、がむしゃらにボールを打つ練習ばかりしても、なかなかうまくはなりません。

それは、バレーボールが単に**ボールを打つだけのスポーツではない**からです。

バレーボールは、「サーブ↓レシーブ↓トス↓アタック↓ブロック↓レシーブ↓トス↓スパイク」といったように、**さまざまなプレーの組み合わせ**で成り立っています。

ですから、いくらスパイクが得意でも、サーブやトスがダメなら、選手としては使

い物にならない。結果、試合には起用してもらえません。また、最後まで試合に出続ける体力がなければ、レギュラーにはなれません。

バレーボールが上達する人は、それぞれのプレーを分割して、苦手なポイントを克服したり、得意な部分にさらに磨きをかけたりと、重点的に練習を繰り返しています。たとえば、トスを分解すると、①すばやくボールの正面に入り、②できるだけ低い姿勢で、③正確に目標（セッター）に返す動きが求められます。

このように、**一連の流れをステップごとに分解し、それぞれのステップでやることを明確にする**ことは、何事においても質の高い仕事をする秘訣です。

ビジネスシステムは**全体の流れをつかんだり、プロジェクトの全体設計図をつくったりする**際に大いに役立ちます。

さらに、問題を解決するため、**真の原因を探す**際にも効果的です。

先のバレーボールの例でいえば、「なかなか有効なスパイクが打てない」という問題がある場合、スパイクだけに問題があるとは限りません。

プレーを分解して、「ブロックは機能しているか？」「レシーブに原因はないか？」「トスはどうか、連携プレーは機能しているのか？」といったように、真の原因がどこにあるのかを探っていきます。

ビジネスでも同様で、それぞれの**要素（工程）ごとに失敗の原因を探り**、真の原因を見つけることで問題点を解決したり、全体の流れを改善したりします。そうすることが、よりよい業務フローをつくることにもつながっていきます。

3段階に分解するから、バリューがとらえやすい

ここからはビジネスシステムを活用して、バリューを生み出す方法について考えていきましょう。

次のような3つの段階を踏んで作成します。

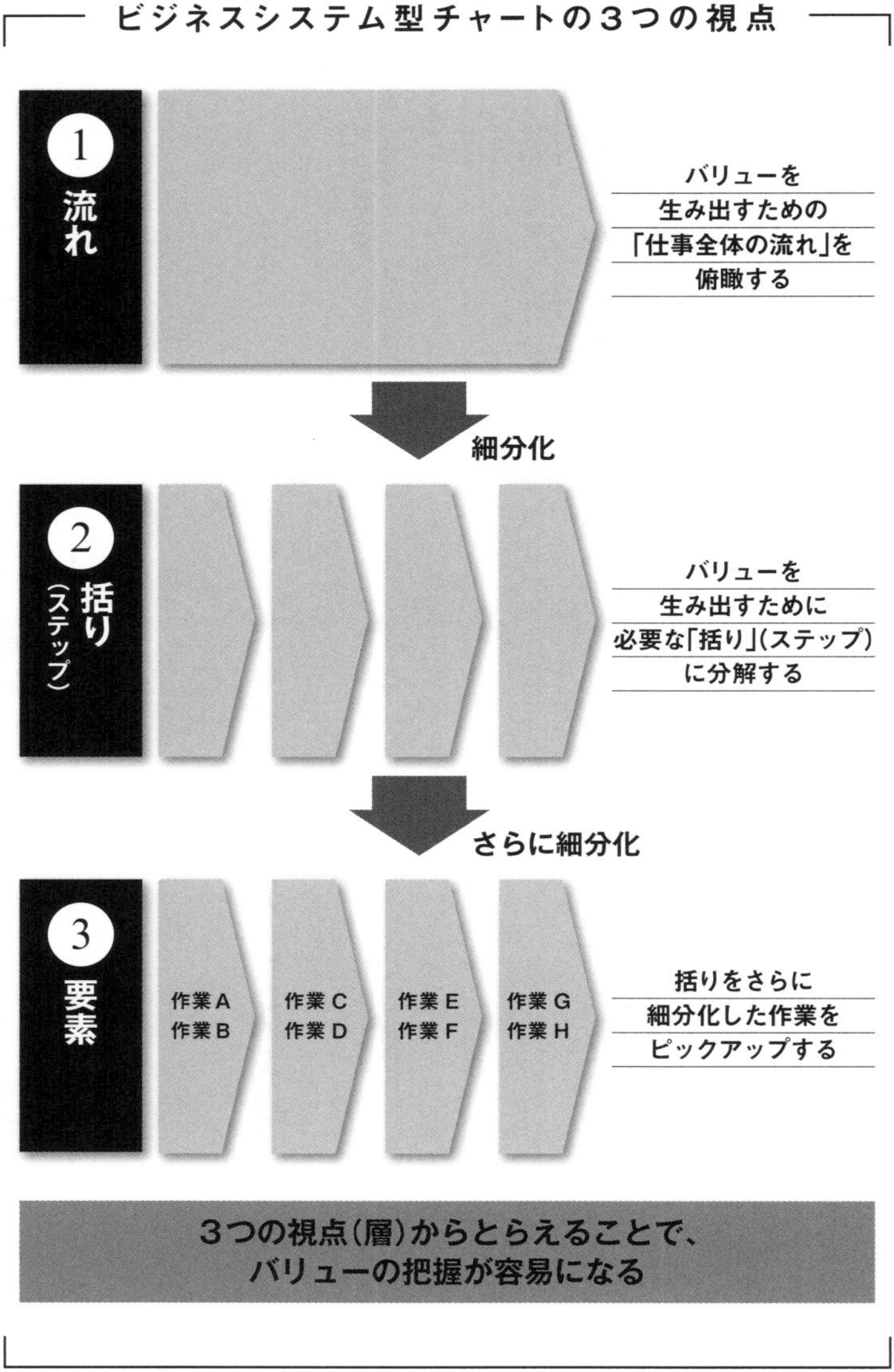
ビジネスシステム型チャートの3つの視点
1 流れ
バリューを
生み出すための
「仕事全体の流れ」を
俯瞰する
細分化
2 括り（ステップ）
バリューを
生み出すために
必要な「括り」（ステップ）
に分解する
さらに細分化
3 要素
作業A
作業B
作業C
作業D
作業E
作業F
作業G
作業H
括りをさらに
細分化した作業を
ピックアップする
3つの視点（層）からとらえることで、
バリューの把握が容易になる

1．流れ　バリューを生み出すための仕事全体の流れを俯瞰する
2．括《くく》り　バリューを生み出すために必要な括り（ステップ）に分解する
3．要素　括り（ステップ）の中で行う作業をピックアップする

右ページの図では3つの段階をまとめていますが、段階を踏みながら全体が要素に細分化されていくのがわかります。

リサーチ業務のプロセスとサブバリューを設定する

それでは、事例で見ていくことにします。

たとえば、あなたが上司から**「スーパーやコンビニエンスストアのプライベートブランドの現状を調査してきて」**と命じられたとします。

前述の3段階を踏まえると、まずやるべきことは、

1．生み出すべきバリューを明確にする

です。

あなたは、上司は単なる事例の羅列を求めているわけではなく、**「プライベートブランドの成功パターンを探し出し、抽出すること**を期待しているのではないか？」と察知しました。そこで、生み出すべきバリューを**「プライベートブランドの成功パターンを見つけ出す」**と設定しました。

さて、次の段階は、

2．そのバリューを生み出すプロセスを考え、プロセスをステップごとに分解する

です。

リサーチ業務のプロセスは188ページの図のように細分化できます。

プロセス全体のバリューとは別に、それぞれのステップで生み出すべきバリュー（サブバリュー）があります。

たとえば、Ｓｔｅｐ１の「目的の確認」のバリューは「もっとも効率的に進められるよう、目的を確認すること」です。

いよいよ、最後の段階は、

3．分解したステップごとに、より細かな作業をピックアップする

です。

それぞれ、抜けや漏れがないよう、詳細項目をリストアップしていきます。

たとえば、Ｓｔｅｐ１の**「目的の確認」**であれば、「調査項目の確認」「調査が必要な背景の確認」「期日の確認」「調査対象と範囲の確認」「アウトプットのレベル感（ボリュームや完成度）の確認」などの作業が必要です。

最初に**アウトプットのレベル感を確認しておくことで、調査不足や調査のやりすぎを防ぐ**ことができます。

Ｓｔｅｐ2の**「アウトプットのイメージづくり」**であれば、「アウトプットの形式・フォーマットの確認」「作成ツール（ワード、エクセル、パワーポイントなど）の確認」「類似・参考案件探し」「アウトプットイメージの上司への報告」などの作業があります。

リサーチ業務のプロセスとサブバリュー

プロセス	サブバリュー
Step1 目的の確認	・もっとも効果的に進められるよう目的を確認
Step2 アウトプットのイメージづくり	・ムダな作業を省くために、適切なアウトプットイメージをつくる
Step3 仮説の設定	・筋のいい仮説を立てる
Step4 調査実施	・急所をつく情報を収集する
Step5 アウトプット作成	・上司の期待(品質・期日)に応えたアウトプットを作成する

もちろんここでも、上司への報告・連絡・相談は欠かせません。きちんとすり合わせしておかないと、アウトプットが上司の期待からズレてしまう危険性があります。

Step3の**「仮説の設定」**は「アイデアの列挙」「アイデアのしぼり込み」「仮説の設定」「仮説について上司・先輩らに意見を聞く」などに細分化できます。

「仮説について上司・先輩らに意見を聞く」作業は特に重要で、この段階なら**軌道修正も容易**です。いったん調査を始めてしまうと、軌道修正は難しくなります。やり直すとなると二度手間になり、**時間やコストなどの経営資源を浪費**することになりかねません。

Ｓｔｅｐ４の**「調査実施」**は「調査対象の決定」「調査項目の決定」「調査方法（雑誌、新聞、書籍、Ｗｅｂ、インタビュー、アンケートなど）の決定」「調査計画の作成」「予備調査の実施」「本調査の実施」などの作業に分けられます。

Ｓｔｅｐ５の**「アウトプット作成」**では、もっとも重要な「調査結果の分析」、調査が不足していると判断したときの「追加調査の実施」、上司の期待に応えた「アウトプットの作成」などの作業が考えられます。

このビジネスシステム型チャートは、慣れてくれば頭の中でイメージできるようになりますが、最初は**実際に紙に書き出してみる**ことが重要です。**抜け・漏れがないかどうか、ステップと作業は整合性があるのかどうか**をチェックし、完成させたら、チャートに従って実行していきます。完成させたチャートは手元に置いてチェックシートとして使うのもいいでしょう。

「いま現在、自分がどこの作業をしているのか」「次に、どんな作業をすればいいのか」

「どの作業で、もたついているのか」と進捗状況を確認したり、作業の問題点を把握したりといったことにも威力を発揮します。

また、チームを組んで仕事を進めているのであれば、**チーム全体のチャートとメンバー個人のチャートをつくることで情報共有が円滑に進み、チームの「現在地」を確認することも容易**になります。

上司や顧客から仕事を依頼されたら、すぐに動くのではなく、まずはこれからしなければいけない**仕事の全体像をビジネスシステム型チャートとしてまとめましょう。**

そうすることで、仕事のスピードが格段に速くなりますし、「あの作業を忘れていた」「順番が逆だった」「この作業が足りなかった」といった**ミスや失敗を防ぐ**こともできるため、**仕事の精度が格段に上がります。**

大手病院に手術用具を売り込むとしたら…

次の例でも考えてみましょう。あなたは医療器具販売会社の営業担当者で、大手のA病院へ手術用具の売り込みを命じられたとします。

さて、何から手をつけたらいいでしょうか。

優秀なセールスパーソンは、いきなり営業活動を始めません。まずは**顧客のニーズ**を徹底的に探ります。

ニーズの探り方にはいろいろなやり方がありますが、あなたはA病院の**手術前後のビジネスシステム型チャート**を描くことから始めました。

生み出すべきバリューとして**「手術用具などを適切に準備・使用し、手術を成功させ、手術後は適切に整理・保管する」**としました。

次に、バリューを生み出す手術前後のプロセスを考え、それを細分化し、ステップの連鎖のかたちで表現しました。
次のように、手術計画の立案から始めます。

- **どの患者の手術を**
- **いつ**
- **どこで**
- **何のために**
- **どのようなスタッフで**
- **どのような機器・物品・衛生材料を使って**
- **どれくらいの時間をかけて**
- **どのように行うのか**

これらを決定し、計画書を作成することにしました。

次に、手術前後のプロセスを、合計8つのステップで書き出し、それぞれのステップにサブバリューを設定し、次の図のようにまとめました。

手術前後の「ビジネスシステム」

プロセス	サブバリュー
Step1 手術計画の立案	・抜けや漏れがないように立案する
Step2 物品・薬剤・衛生材料の用意	・必要な物品・薬剤・材料を必要な数だけ用意し、滅菌処理をする
Step3 手術室の準備	・適切に手術を行えるよう環境を整える
Step4 患者情報のチェック／手術の進め方の確認	・患者の症状や手術の進め方を確認し、情報を共有する
Step5 患者の搬入・術前処理	・適切なタイミングで患者を搬入する ・適切な術前処置を実施する
Step6 手術の実施	・的確に手術を行い、手術の目的を実現する
Step7 患者の搬出	・適切なタイミングで患者を搬出する
Step8 手術室の片付け・清掃	・次の手術に使用できるよう物品・薬剤などを片付け、清掃する

モノではなく、サービスを売ることに転換

手術を安全・効率的に行うためには手術用具や薬剤、衛生材料などの医療用資材を、品質を確保したうえで安定的に確保しなければなりません。

A病院では毎日のように複数の手術が行われており、大量の手術用具や薬剤、衛生材料が使用されていました。

A病院の場合、こうした医療用資材の納品受け入れ、在庫把握・チェック、手術で使用する物品・薬剤・衛生材料などの準備・用意など、いわゆる物品管理を担当しているのは看護師でした。

さらに、手術室の準備や患者の手術室への案内・搬送なども看護師の役割なので、手術前後の看護師は目が回るような忙しさです。

最近になって、それらの業務の一部をマニュアル化し、看護助手に委譲しましたが、

ジョブシフトしたことで、マニュアルの整備や教育、チェックなどの業務が新たに増え、かえって看護師の仕事量が増えてしまいました。

あなたはA病院の看護師への聞き取り調査を行い、物品管理に相当な時間がかかっていることを把握しました。

物品管理は看護師の本来の仕事ではありません。**看護師が物品管理に費やしている時間を、本来の看護サービスに振り向ければ、看護サービスの質は向上しますし、患者の満足度が上昇することも間違いありません**。

そこで、あなたはA病院手術室の物品管理そのものを引き受けられないかと考えました。メスや鉗子《かんし》という商品ではなく、**物品管理というサービスを売る**わけです。

具体的には手術室の物品管理を担当するスタッフを派遣し、手術前の準備から手術後のカウントまで、一貫して引き受けることにしました。

メスや鉗子などを単体で売ろうとすれば、競合会社も多く、価格勝負になることは避けられません。

しかし、物品管理サービスであれば競合は少なく、いったん契約を結んで便利さを理解してもらえれば、半永久的に取引してもらえる可能性もあります。

しかも手術室にスタッフを派遣するわけですから、医師や看護師など病院側スタッフと濃密なコミュニケーションをとることになり、良好な人間関係をつくったり、病院内の情報を収集したりすることも容易になります。

自社が提供できる顧客メリットを探し出す

病院側から見ると、看護師が担当していた手術室の物品管理を業者に依頼し、手術室専属の社員を派遣してもらい、煩雑な物品管理をすべて任せられるわけです。

これによって、看護師は空いた時間を術前訪問、患者の情報収集、急患対応、医師との連絡・調整などの業務に振り分けられるようになります。

あなたは会社を説得し、必要な準備を整えたうえで、医療機関を対象とした物品管理サービスの事業を立ち上げました。

パンフレットをつくって、A病院をはじめ、さまざまな病院にアプローチしたところ、多数の病院から引き合いがありました。

物品管理サービスは、医療機関の**現場ニーズ**に合致していたわけです。

こうして、あなたは**顧客や自社にとってのメリット、つまりバリューを創造することに成功**しました。

自社の強みを知るには、**自社の商品やサービスの中から顧客にとってのバリューを見つける**ことが重要です。そしてそのバリューを見つけることが、**最終的には競争優位性を生かしたビジネス戦略の策定**にもつながっていくのです。

第8章

説得力のある伝え方「PREP法」

本章で取り上げるその他のフレームワーク…

エレベーター・テスト　主張＋３つの根拠　ピラミッド・ストラクチャー

判断を仰ぎたいのに上司の時間がとれない

自分の主張をもっとうまく相手に伝えたい。程度の差はあれ、多くのビジネスパーソンが抱える悩みかもしれません。

たとえば、繁忙期なうえ、クライアントからのクレーム対応で忙しそうな上司に、どうしても判断してもらわなければいけないことがある。そんなとき、あなたはどのように伝えるでしょうか。

あなたは大事なクライアントに提出する企画書を作成していて、明日の午前中には下書きが完成しそうです。しかし、内容に関して何点か上司の判断を仰がないと、完成させることができません。

「午前中は難しそうだが、昼食後の午後2時くらいなら、相談できるかもしれない」

と相手の事情を考え、上司が席に座った瞬間、次のように話しかけました。

「課長、明日の午後2時に時間をいただけませんか？」

それを聞いた課長は「ムッ」とした表情になり、厳しい言葉が返ってきました。

「いま、それどころじゃないことは君もわかっているだろう。こっちが落ち着いたら、時間はいくらでもとるから、また今度にしてくれ」

あなたは途方に暮れてしまいます。クレーム対応でいくら忙しくても、10分程度の時間がとれないはずはありません。

では、上司はどうして冷たく拒否したのでしょうか。

上司が拒否した3つの理由

あなたはここで、少なくとも3つの失敗を犯しています。

第1に、**あなたの都合で、上司の時間を押さえようとした**ことです。これがもっとも大きな失敗です。

ビジネスではクライアント優先で対応を求められることが多くなります。ましてや上司はクレーム対応で忙しく、相手に合わせた対応をとらざるを得ない状況で余裕がありません。

実際、明日の予定もわからず、場合によっては突然、クライアントから呼び出しがあり、即座に応じなければいけない可能性も考えられます。そのため、簡単にはほかの予定を入れられない状況です。そこへ、あなたが一方的に時間を予約しようとしたのですから、上司が怒るのは当然です。

第2に、**どれくらいの時間が必要なのかがわからない**ことです。

相談は5分で終わるのか、30分以上かかりそうなのか、この話し方では上司は判断ができません。

この場合、時間を指定するのは、ある程度の時間を割いてほしいという意味だと受け取ったため、上司は拒否反応を示したのです。

第3に、そもそも**要件が何かわからない**ことです。

いきなり「明日、時間がありますか？」と部下に聞かれたら、上司は「ひょっとして退職を考えているのか？」「私生活で困った問題でも抱えているのか？」などと身構えてしまいます。

多忙なときは、1人でも欠員が出ると業務に支障が出るため、そうしたやっかいな問題は先伸ばししようとして、けんもほろろな対応をしたのかもしれません。

せめて最初に仕事の相談であることを伝えなければ、上司に余計な心労を与えることになります。

「要件は何か」「何分かかるのか」を同時に伝える

では、どのように話しかければよかったのでしょうか。

一番いいのは、**「課長、○○の件で、いま5分だけお時間をいただけないでしょう**

か？」と話しかけることです。

「**要件は何か？**（→○○の件）」「**何分かかるのか？**（→5分）」を最初に伝えることで、上司も「その件か。手短に報告してくれるのなら、いいよ」と、その場で耳を傾けてくれたかもしれません。

あるいは、「いま、急がしいので30分後にしてくれ」「とりあえず、デスクに企画書を置いておいてくれ」などと、上司のほうから代案を示してくれたかもしれません。

もちろん、「5分だけ」は、あくまで上司に「時間はかかりません」と安心感を与えるための方便であって、必ず5分で終わらせなければいけないわけではありません。

当然、あなたは**簡潔かつスピーディーに要点を述べる必要がありますが**、往々にして**上司は話を聞き始めると、自分が納得できるまで説明を続けさせようとする**ものです。つまり、上司が聞き始めてくれればこちらのもの。相手から止められるまでは、何分でも話し続けられます。「5分」と最初に伝えることで、相手が断りにくい状況をつくっているのです。

このように相手への声のかけ方にも配慮と工夫をするとよいでしょう。

上司の判断をもらえない限り、あなたの仕事は滞ってしまいます。その遅れは1〜2日だけでなく、後々のスケジュールに影響を及ぼす場合もあるかもしれません。上手に声をかけて、うまく上司の時間を確保することを心がけましょう。

エレベーターの移動時間中に要件を伝える「エレベーター・テスト」

上司が「5分ならいいよ」と応じたら、あなたは手短に要件を伝えなければなりません。こういうときは、報告の際に有効なフレームワークを使って、スピーディーに上司に要件を伝えることを目指しましょう。

報告の際に使えるフレームワークはいくつかありますが、最初に紹介するのは**「エレベーター・テスト」**（ブリーフィング）です。

エレベーター・テストとは、多忙な相手（役員や上司など）からエレベーターで移

動する程度のわずかな時間で、重要な報告を行ったり、承認・判断を仰いだりするフレームワークです。

ただし、「エレベーターで移動する程度」しか時間はありません。超高層ビルのエレベーターでも、1階から最上階まで、せいぜい1分程度。分速200メートルの高速エレベーターであれば、ものの30秒もあれば最上階に着いてしまいます。エレベーター・テストではそのわずかな時間で、**相手に対して問題の概要やポイントを簡潔に伝えることが求められます**。多くの人は、「30秒しかないのに、すべてを説明することは無理だ」「特別な伝達技法を学ばないと不可能」と思うことでしょう。

でも、想像してみてください。30秒は15秒のテレビCMに置き換えれば2本分です。仮に30秒のCMだと考えれば、商品名や商品の効能・魅力など相当な情報量を視聴者に伝えることが可能です。

つまり、あなたが**問題を的確にとらえ、要点を整理することができていれば、わずかな時間であっても、簡潔にかつ的を得た説明ができる**のです。

なおエレベーター・テストは、もともと核戦争などの重大な危機が発生した際、アメリカ大統領がエレベーターで地下の司令室に降りるまでの数分間を有効に使うための手法で、マッキンゼーがアメリカ政府に提案したものです。

たとえば、某国からアメリカ本土に向けてＩＣＢＭ（大陸間弾道ミサイル）が発射されたと仮定します。

すると、アメリカの偵察衛星がそれをとらえ、監視員は「ミサイルが発射された」と即座にペンタゴン（国防総省）に連絡を入れます。

それを聞いた情報スタッフは、統合幕僚会議議長がエレベーターに乗って1階に降りる間にその事実を報告し、その結果、どういうことが起きるか（状況判断）を述べ、次にどうするべきかという提案・意見を出さなければなりません。

整理すると、「事実報告」→「状況判断」→「提案」という流れになります。

1. 事実報告　某国がアメリカ本土に向けてICBMを発射した

2. 状況判断　太平洋上で迎撃できなければ、国土の広範囲が破壊され、多くの国民が死傷する

3. 提案（意見具申）——ただちに迎撃体制を整えるとともに、某国への攻撃行動を開始する

報告を受けた議長は、ただちにホワイトハウスの大統領と連絡をとり、同様の報告を行います。

大統領は、それを受けて、「ただちに迎撃ミサイルを発射し、太平洋上で撃ち落とせ」「到達が予想される地域の国民を核シェルターに避難させよ」「某国に対する核攻撃を開始せよ（核ボタンを押す）」といった命令をくだします。

地球上のどの位置から発射しても、ＩＣＢＭがアメリカ本土に到達するのは数十分程度しか、かかりません。

発射後十数分で意思決定をしないとアメリカが地図から消えてしまいかねない。そうした国家の運命を背負う重圧下を想定したフレームワークですから、短時間でのブリーフィングには最適といえます。

この例は極端なものですが、エレベーター・テストは一般のビジネスパーソンにと

っても大いに有益なフレームワークです。

なお、**時間がないときは5W1H（いつ、どこで、誰が、何を、何のために、どのように）や起承転結にこだわる必要はありません。**

「事実報告→状況判断→提案」の順に報告

別の例でも考えてみましょう。

たとえば、あなたがコンサルタントで、生理用品メーカーの新製品開発を上司に命じられたとしましょう。

人口減少社会ですから、生理用品市場も徐々に縮小しています。少子高齢化がさらに進むと、市場自体がプロダクト・ライフ・サイクル（→第6章147ページ）でいう「衰退期」を迎える可能性が高くなります。

そのため、あなたは高付加価値商品を投入し、一般向けの商品と差別化して単価をあげていく作戦を考えました。ただし、競合他社も同様の戦略をとっており、他社にない画期的な新製品を開発するのは難しい状況です。

そこで、あなたはターゲットそのものを変え、生理用品で培った技術を高齢者向け紙おむつに応用し、高齢者を対象にした、従来にない紙おむつの開発ができないかと考えました。上司の指示は「生理用品の新製品開発」ですから、早急にターゲットの変更を上司に認めてもらう必要があります。

あなたは多忙そうな上司を追いかけてエレベーターに飛び乗り、エレベーター・テストを実践しました。

ではＩＣＢＭの例にならって、「事実報告」「状況判断」「提案」で報告しましょう。

1. 事実報告

生理用品市場は縮小している。少子高齢化の影響で、今後も縮小が続く可能性が高い

2. **状況判断** 競合各社は汎用品に見切りをつけ、高付加価値商品を投入しようとしており、ここで差別化することは難しい

3. **提案** クライアントの技術力を生かし、高齢者向け紙おむつの新製品開発も考慮に入れたい

上司は、あなたが話を終えた瞬間に決断します。エレベーターの扉が開く前に、あなたの提案に対してゴーサインを出しました。

上司の承認が得られたので、あなたは安心して企画書づくりに取りかかれます。

結論を先に伝える「PREP《プレップ》法」

ただし、「エレベーター・テスト」は事実報告から始めるため、気が短い上司の場合、「要点を言え」「結論を先に言え」と言い出すかもしれません。

ＰＲＥＰ法

P:Point（結論）

「私はこう思います」

R:Reason（理由）

「なぜなら、○○だからです」

E:Example（例）

「たとえば、△△ということがあります」

P:Point（もう一度、結論）

「だから、私はこう思います」

次に紹介する**「ＰＲＥＰ法」（結論・理由・例・もう一度、結論）**は結論から先に伝えるフレームワークで、短気な上司にも受け入れられやすい伝え方です。

エレベーター・テストと同様、時間がないときに上司やクライアントに報告したり、プレゼンテーションを行ったりする際に用いられます。

しかも**口頭での報告、発表、プレゼンテーションに力を発揮するだけでなく、報告書やレポートを作成する際も大いに役立ちます。**

ＰＲＥＰとは、「Point」（結論）「Reason」（理由）「Example」（例）「Point」（もう一度、結論）の単語の頭文字をとってつなげたものです。ＰＲＥＰ法では、**最初に結論を述べ、次にその理由・根**

拠を示し、それを補強する具体的な例を挙げ、最後にもう一度結論を示します。

最初の結論は、小説や新聞記事で「つかみ」といわれる部分です。相手が集中して聞いている間に結論を述べることで、相手の気持ちをつかまえ、引き寄せましょう。

たとえば先ほどのケースだと、次のようになります。

P　結論――クライアントの技術力を生かし、高齢者向け紙おむつの新製品開発を提案したい

R　理由――生理用品市場は縮小しており、少子高齢化の影響で、今後も縮小が続く可能性が高い

E　例――たとえば、「プロクター&ギャンブル（P&G）」は日本国内で有数のシェアを誇った生理用品「ウィスパー」シリーズの販売を終了させた。理由は「市場シェアや市場の成長性を考慮に入れた」と説明している

P　もう一度、結論――少子高齢化の影響で高齢者は増えており、トラブルに悩む

人も多い。クライアントの技術力を生かせれば、高齢者向け市場で優位性のある商品を開発できる可能性が高い。
よって、高齢者向け紙おむつの開発を提案したい

最初に結論を示すことで、相手はテーマ（何について話しているか）やイメージが明確になり、理解しやすくなります。また、それを聞いて決断がしやすくなりますし、忙しい相手をイライラさせることもありません。

ＰＲＥＰ法はビジネスシーンだけでなく、日常生活でも使えます。

たとえば、相手にプロポーズするときのシーンを想像してください。実は多くの人が意識せず、自然にＰＲＥＰ法を使っています。こんな感じです。

Ｐ　結論——私と結婚してください
Ｒ　理由——私はあなたと穏やかな家庭を築くことができる
Ｅ　例——あなたとは最初から肩肘張らずに過ごすことができ、緊張

P　もう一度、結論

もせず、また見栄を張ることもなかった結婚したら長い時間を一緒に過ごすので自然体でいられる相手がいい。この先の人生、私と一緒に歩きませんか？

どうでしょうか。思わず「はい」と返事をしたくなるプロポーズではありませんか。

自分の主張を3つの根拠で裏づける

ここまで見てきたように、ＰＲＥＰ法は報告や相談などをするときに効果を発揮するフレームワークですが、ＰＲＥＰ法を使う際に一緒に使いたいのが、**「主張＋３つの根拠」**のフレームワークです。

「主張＋３つの根拠」とは、**自分がもっとも伝えたい主張と、それを裏づける理由（根拠）を３つ示す手法**です。この「主張＋３つの根拠」を併用することで、主張の説得力をさらに高めることができます。

たとえば、食品会社の社員が「乳幼児向けの商品を東南アジア市場に投入すべきである」という主張を伝える場合の例で考えてみましょう。この社員は自分の主張を伝える際に、3つの根拠も同時に述べています。

主張――当社は東南アジアに進出するべきである

根拠1――なぜなら日本の市場は少子高齢化が進み、乳幼児向け食品市場は衰退市場となっている

根拠2――競合他社は相次いで中国市場に進出しているが、中国市場には海外からの参入が相次いでいるうえ、中国企業も力をつけている。競合が強いため、乳幼児向け食品市場に新規参入しても、シェア拡大に苦労することが目に見えている

根拠3――一方、タイ、インドネシア、マレーシアなど東南アジアでは乳幼児向け食品市場が立ち上がったばかりで、強力な競合が少ない

なお、**根拠をさらに増やす場合は、根拠4や根拠5を新たに付け加えるのではなく、根拠1～3を細分化し、根拠1の1、根拠1の2、根拠1の3と階層化したほうがいいでしょう。**

そのほうが相手も理解しやすく、説得力が増します。この例の場合、根拠1を細分化すると次のようになります。

根拠1の1――プロダクト・ライフ・サイクルで見ると、日本の乳幼児向け食品市場は成熟期を終え、衰退期を迎えつつある

根拠1の2――晩婚化・非婚化が急速に進み、主たるターゲットである乳幼児人口が減り続けている

根拠1の3――乳幼児人口が早期に回復する見込みはない

根拠は3の倍数で階層化する

根拠を細分化する場合は**3の倍数**になるように心がけましょう（理由は後述）。

3つの根拠をそれぞれ細分化し、3つのサブ根拠を書き出せば、合計12（3＋9）の根拠になります。

並列的に12の根拠を示すだけだと、数が多すぎて理解が追いつきませんが、階層化することで相手が理解しやすくなり、納得感も高まります。

ただし、**根拠が増えて情報量が多くなると、口頭での報告だけではうまく伝わりません**。そのため、**相手が理解しやすいように、資料を用意する**必要があります。

より詳しく述べる必要がある場合、サブ根拠をそれぞれ細分化し、さらに3つに分けることも可能です。

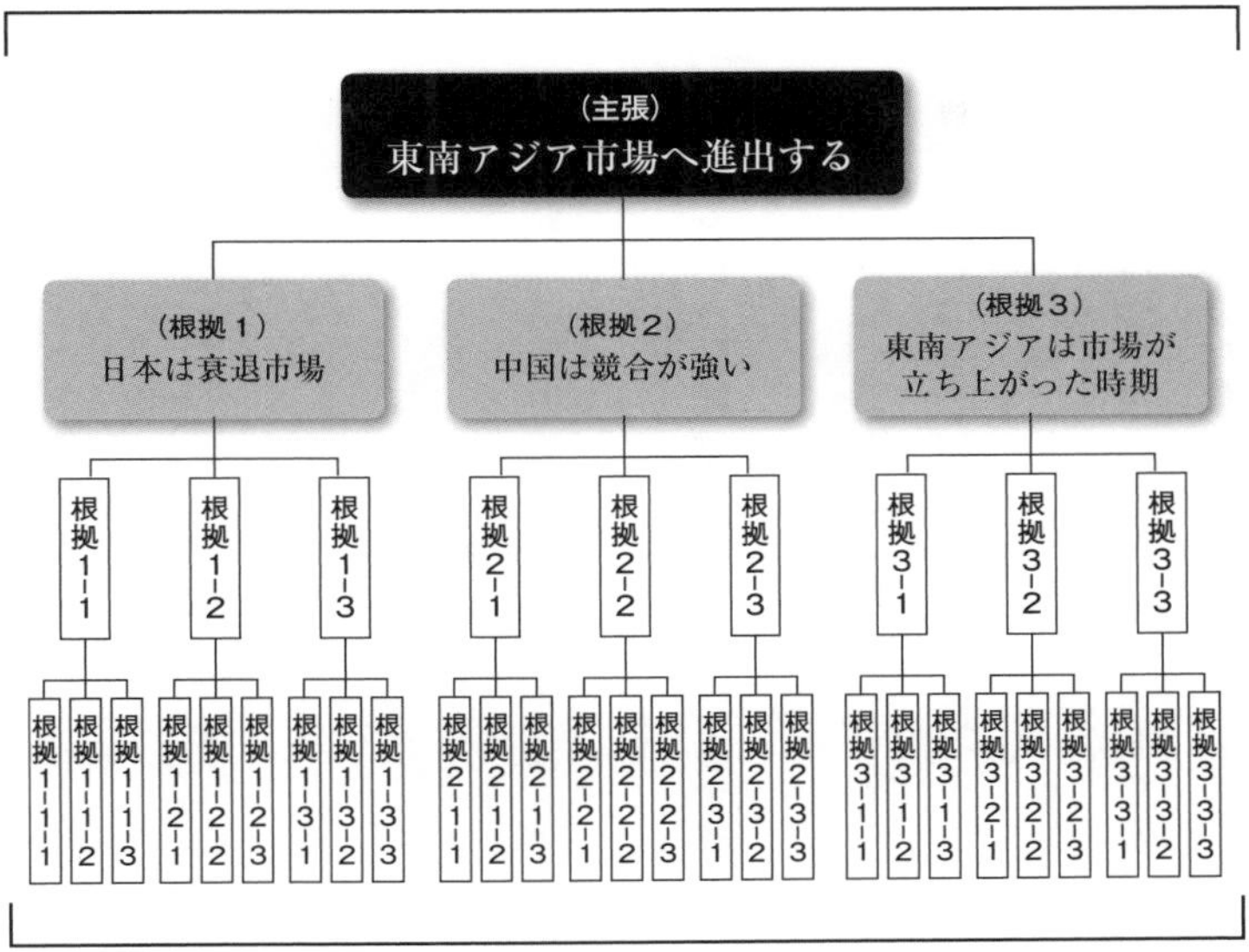

その場合、39（3＋9＋27）の根拠を示すことになります。「さすがに多すぎるのでは？」と感じる人もいるかもしれませんが、企業の外的要因、内的要因をじっくりと探っていくと、3層になる場合も決して少なくありません。

PREP法と併用する場合、PREPの**「P」（結論）が「主張＋3つの根拠」の「主張」**にあたり、**「R」（理由）が「根拠」**にあたります。

この点を踏まえて根拠を3つ示すようにすれば、**「PREP法」と「主張＋3つの根拠」のよさがあいまって、相乗効果を生み出しやすくなります。**

伝えるときは「3乗の魔力」を使う

先ほど、「3の倍数になるように心がける」と述べましたが、「主張+3つの根拠」の「3」という数字が、実はとても重要です。

たとえばプレゼンを行う際、「ここでのポイントは3つです」などと言うように、**「3」という数字は少なすぎず、多すぎず、相手の印象に残りやすい数字**なのです。

一方、「2」や「1」では物足りなく感じ、「4」以上だと相手はいっぺんに把握できず、覚えきれません。また、「3」という数字は認知心理学においても重要な数字だといわれています。

哲学や宗教でも、キリスト教の「三位一体」、インド哲学の「三徳」などでも、「3」は重要な数字とされています。

これらの点から、「3は魔法の数字」などと呼ぶ人もいるくらいですが、実際、本書で紹介した「空・雨・傘」や「3C」のフレームワークも3つの要素から成り立っています。

また、**報告書やレポートを作成するときも、数字の「3」を意識**してみましょう。

たとえば、「3つのポイントがあります」と伝えるときにも、**ひとつのポイントにつき1枚の資料にまとめて計3枚の資料を用意**します。

もちろん、1枚の資料ですべての内容を表現できるとは限りません。その場合はひとつのポイントにつき3枚の紙を用意し、要点や根拠、データなどを書き込みます。

つまり、**3つのポイントを示すときには、それぞれのポイントにつき3枚、合計9枚の資料をつくる**わけです。

なお、それでも不足する場合はひとつのポイントにつき、9枚の紙を用意し、そこに要点、根拠、データを記していきます。

これを私は「**3乗の魔力**」と呼んでいます。

前述した「東南アジア市場へ進出」の例でも、**「主張＋3つの根拠」を細分化した図は「3乗の魔力」に従っています。**

3枚、9枚、27枚、81枚…というように3を乗じた数字で資料を作成しましょう。こうしたアウトプットのイメージを持って資料をまとめることを習慣にすると、仕事の質とスピードがグッと上がります。

マッキンゼーに勤めていたころは、「**伝えるときは3つのポイントにまとめなさい。そうすれば話は伝わりやすくなる**」とよくいわれたものです。

プレゼンテーション用の資料、報告書や提案書を作成する際も**「3」という数字にこだわって最終成果物のイメージを描ければ、的確に自分の考えやアイデアを伝えることができる**ようになります。

ピラミッドのようにロジックを積み上げる「ピラミッド・ストラクチャー」

本章の最後に、**「主張＋３つの根拠」**を図表化する際に役立つ**「ピラミッド・ストラクチャー」**というフレームワークを紹介します。

もっともシンプルなピラミッド・ストラクチャーの場合、**一番上にキーとなる「メッセージ」（結論）が入った見出しを置き、その下にメッセージが導き出される「理由」、さらに、その下に「根拠となる事実」**などを書いていきます。

もし根拠となる事実が精査されていないものだった場合、理由やメッセージは弱いものになり、相手を納得させることができません。

ピラミッド・ストラクチャーは、**ピラミッドのようにメッセージと理由、根拠となる事実の３つの要素が下から積み上げられ、お互いが支え合っていなければなりませ**

「ピラミッド・ストラクチャー」の応用例

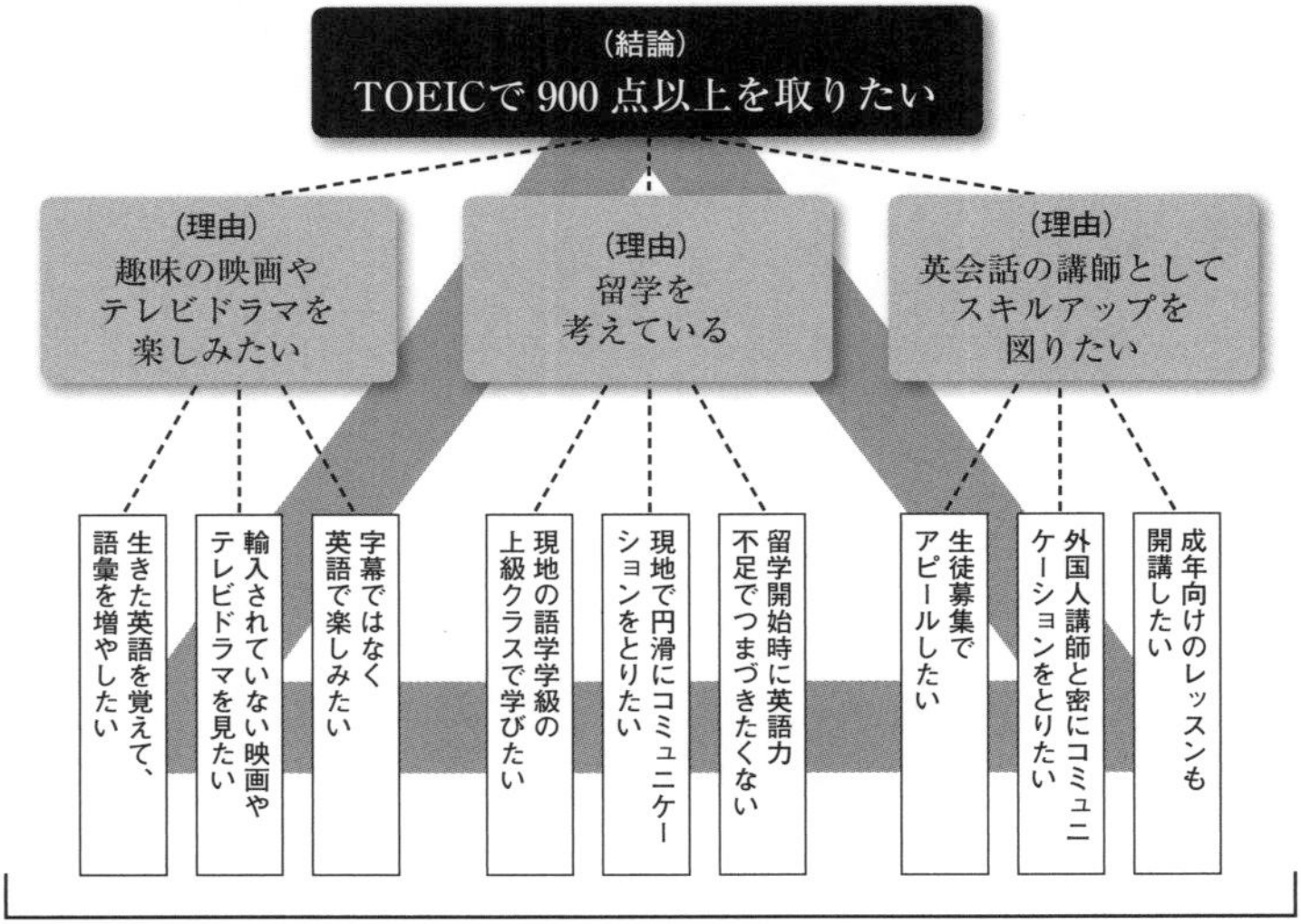
（結論）
TOEICで900点以上を取りたい
（理由）
趣味の映画やテレビドラマを楽しみたい
（理由）
留学を考えている
（理由）
英会話の講師としてスキルアップを図りたい
生きた英語を覚えて、語彙を増やしたい
輸入されていない映画やテレビドラマを見たい
字幕ではなく英語で楽しみたい
現地の語学学級の上級クラスで学びたい
現地で円滑にコミュニケーションをとりたい
留学開始時に英語力不足でつまづきたくない
生徒募集でアピールしたい
外国人講師と密にコミュニケーションをとりたい
成年向けのレッスンも開講したい

ん。しっかりと隙間なく密着していること、つまり**論理に破綻がないことがとても重要**なのです。

理由や事実にひとつでも問題があったり、不備が生じたりすると、ピラミッドは崩れてしまい、何ら説得力のないものになってしまいます。もちろん、ほかのフレームワークと同様、ピラミッドストラクチャーもプライベートにも応用が可能です。

たとえば、「ＴＯＥＩＣで９００点以上を取りたい」という目標を立てた場合の例で考えてみましょう。

その理由として、「英会話の講師としてスキルアップを図りたい」「留学を考えている」「趣味の映画やテレビドラマを楽しみたい」などが挙げられます。

根拠となる事実として、「英会話の講師としてスキルアップを図りたい」であれば、「中学生・高校生が対象だったが、成年向けのレッスンも開講したい」「生徒募集でアピールしたい」などが挙げられます。

「留学を考えている」であれば、「留学開始時に英語力不足でつまずきたくない」「現地で円滑にコミュニケーションをとりたい」などが挙げられます。

また「趣味の映画やテレビドラマを楽しみたい」では、「字幕ではなく英語で楽しみたい」「日本に輸入されていない映画やテレビドラマを見たい」などといった具合に重層的に表わしていきます。

このように構造化することで**アウトプットする際も説得力が増し、上司やクライアントが納得する報告・提案になります。**

本章で学んだフレームワークを使って、**スピーディーかつ簡潔に物事を伝えることができるようになれば、相手とのコミュニケーションが円滑にとれる**ようになり、ビジネスシーンや日常生活で大きなメリットになることは間違いありません。

第9章

行動して改善し、目標を達成する「経験学習モデル」

本章で取り上げるその他のフレームワーク… PDCAサイクル

問題解決には2つの方法がある

私たちは誰でも、多かれ少なかれ何かしらの**課題や問題を抱えている**ものです。「これを何とかしたい」「この状況を改善したい」など、仕事でも日常生活でも、誰もが目の前にある問題の解決に取り組んでいます。

この「問題解決」には、実は2つのレベルがあります。ひとつは**目の前で起きた問題をそのまま解決する**ことです。

たとえば、「頭が痛い」という問題に対して、「痛み止めを飲む」ことで対応したとします。その結果、痛みがなくなるかもしれません。

これは「痛み」という問題に対して、「痛み止めを飲む」という対症療法的な問題解決です。

痛みがなくなったのだから、ひとまずの問題解決といえますが、根本的な原因が解決されていない場合も多く、痛み止めの効果が消えれば、痛みがぶり返す可能性があります。

仮に脳の血流が滞っていることが痛みの原因だとしたら、早急に医師の診察を受け、血液の流れをさらさらにする薬を服用するなどの治療を始める必要があります。

また、血液を流れやすくするために食生活を改善したり、健康のために運動を始めたりする必要があるかもしれません。

これが、2つ目の問題解決であり、「真の問題解決」といえます。つまり、**1つ目の問題解決は「表面的な問題解決」であり、2つ目の問題解決は「より深いレベルでの問題解決」**とも言い換えられます。

そして、あなたが直面している問題を、どちらのレベルで解決するのかによって、**問題解決の精度や効果は異なってくる**のです。

対症療法的な解決策は真の問題解決になりにくい

では、具体的な例で考えてみましょう。

あなたはコインランドリーを運営する会社のマーケティング担当者だとします。あなたは売り上げが落ちてきたA店の打開策を考えなければいけません。

あなたはA店の周辺をリサーチし、ここ数カ月で競合店が数店舗増えたことに気づきました。

競合店は新規開店祝いとして、盛んに値引きキャンペーンを行っています。それを知ったあなたは、「開店キャンペーンに誘われて、お客が競合に流れているんだ」と理解し、問題を解決するために競合に対抗した値引きキャンペーンを実施することにしました。

新聞に折り込みチラシで広告を打ち、そのチラシを持ってくれば値引きすることとし、競合店より安くするキャンペーンを実施しました。

その結果、チラシを入れて数日間は利用者数が増加しました。しかし、キャンペーン期間が終わると利用者数は減少し、たちまちもとの売り上げに戻ってしまいました。あなたは売り上げが落ちたことにあせり、再び値引きキャンペーンを実施しようとしますが、上司は効果がないと判断し、「イエス」とは言いません。

あなたは頭を抱えてしまいました。

この対応を振り返ってみましょう。

売り上げがダウンしているという問題に対し、売り上げの回復をねらってプロモーションを実施したり、キャンペーンを打ったりするのは、実は対症療法的な解決策にしかならず、真の問題解決にはなりにくいと考えられます。

対症療法的な解決にとどまり、根本的に問題を解決することができなければ、結局、それ以降も同じことが起きてしまい、当初の目的も達成できません。

言い換えれば、問題が生じたら、真の原因を突き止め、有効な解決策を考え、適切なタイミングで実行しないと問題の解決にはならないということです。

値引きキャンペーンが解決策としてうまくいかなかった理由をもう少し掘り下げて考えてみましょう。

あなたは第1章で紹介した「空・雨・傘」のフレームワークにそって、解決策を考えていました。

空（事実） A店の売り上げが前年同期よりダウンしている

↓

雨（解釈） 周辺に競合店が増えており、値引きキャンペーンを実施している。A店は価格競争力が落ちており、競合店にお客が流れているようだ

↓

傘（解決策） A店でも値引きキャンペーンを実施し、競合店からお客を取り戻す必要がある。いったん、お客がA店に戻ってくれれば、A店のよさが理解され、継続的に利用してくれるだろう

あなたは十分に考えたつもりでしたが、結果的に値引きキャンペーンは成功しませんでした。どこに「落とし穴」があったのでしょうか。

「競合」だけでなく、「顧客」「自社」の視点でも検討する

「もっと、お客様の視点で考えなさい」と上司に指摘されたあなたは、もう一度、A店の現状を「空・雨・傘」のフレームワークで考えてみました。「お客様の視点で」と念押しされたので、今度は**「3C」のフレームワークも併用**しました。

前回のリサーチでは、競合店の値引きキャンペーンを発見したことにとらわれてしまい、その後も競合のことしか頭にありませんでした。そのため、解決策も競合のみにフォーカスしていました。

そこで今回は、**「3C」の視点を導入し、「Competitor」（競合）だけでなく、「Customer」（顧客・市場）「Company」（自社）にも目配り**をしてみることにします。

まず、「どんな顧客が競合店を利用しているんだろう？」と考えたあなたは、競合店の様子と顧客の行動について、あらためてリサーチすることにしました。

その結果、競合店には大型洗濯機と大型乾燥機が5台ずつあり、両方とも終日フル稼動していることに気づきました。

周辺は住宅街で、ファミリー層が多いエリアです。住民たちはふとんや毛布、敷きパッドなどの寝具や厚手の衣類、大型のカーテンなどを持ち込み、ランドリーを利用していました。

一方、A店はコインランドリーチェーンの基本セットを配置していたので、大型洗濯機は5台あったものの、大型乾燥機が2台しかありません。寝具やカーテンなどの洗濯・乾燥には使い勝手が悪かったのです。お客の多くは、寝具やカーテンを洗うついでに衣類も洗いますから、結果的に顧客は競合店に流れてしまいました。

「競合」に加え、「顧客」と「自社」の視点で検討することで、1回目のリサーチでは見えなかった「事実」が見えてきたわけです。

これらの「新」事実を踏まえて、あなたは解決策を考えました。

機器の入れ替えにはコストと時間がかかります。予算的にも、一気に乾燥機を大型のものに換えることはできません。

ただ、中型乾燥機でも、ふとん1枚なら十分に処理が可能です。大型乾燥機に比べると料金が安いので、コストパフォーマンスを比較したキャンペーンのチラシを作成し、近隣に配布しました。

加えて自社で行っているトランク（収納）サービス事業を組み合わせて、寝具や衣類の保管・預かりを行うことにしました。たとえば洗濯・乾燥させた冬の寝具や衣類を次のシーズンまで預かるというサービスです。

これは、お客に聞き取り調査を行ったところ、「寝具や衣類などの収納スペースに悩んでいる」との声が多かったことから生まれたアイデアです。

こうしたキャンペーンが功を奏し、少しずつお客が戻ってきました。また、保管・預かりサービスは人気を呼び、既存のお客だけでなく、新規のお客を引き寄せることにも成功しました。

この一連の解決策を、あらためて「空・雨・傘」で整理してみましょう。

空（事実）

A店の売り上げが前年同期よりダウンしている

↓

雨（解釈）

（競合）競合店が増えており、豊富な洗濯機、乾燥機、遊具などを備え、A店からお客が流れているようだ

（顧客）周辺は住宅街でファミリー層が多く、ふとんや毛布、厚手のカーテンなどの洗濯・乾燥に対するニーズが強い

（自社）大型乾燥機が少なく、ファミリー層のニーズを拾いきれていない。ただし、自社ではトランクサービス事業を行っているため、コインランドリー事業と組み合わせることで、新たなニーズが拾えるかもしれない

↓

傘（解決策）

ファミリー層に向けたキャンペーンを実施し、競合店からお客を取り戻すとともに、コインランドリー事業とトランクサービス事業を組み合わせ、寝具や衣類の保管・預かりサービスを始める

結果は既存客、新規客とも大幅に増加、安定した売り上げと利益を出せるようにな

りました。A店はモデル店となり、ほかの店舗でも同じような試みが始まりました。「空・雨・傘」と「3C」を組み合わせたことで漏れや抜けがなくなり、対症療法的な問題解決ではなく、真の問題解決を行うための実効力のある解決策を導き出すことができたわけです。

具体的な体験を汎用性の高いツールにした「経験学習モデル」

実は、あなたはコインランドリーのA店の問題を解決する過程で、無意識のうちにデービッド・コルブの提示した**「経験学習モデル」**を実践していました。

コルブは教育者として知られるジョン・デューイの「学習理論」を応用し、ビジネスなどでも実践できるように単純化しました。

自分が実際に経験した事柄から学んでいくことを「経験学習」と呼びますが、コルブは経験や、経験する過程で得た知見・スキルを次に生かすためには欠かせないプロセスがあるとし、そのプロセスを理論化して、実践的なフレームワークとして磨き上げたのです。それが、経験学習モデルです。

コルブは哲学者のドナルド・ショーンによる「省察《せいさつ》*的実践家」の考え方なども取り入れながら、「経験学習モデル」のクオリティーを高めました。それにより、経験学習モデルは実用的なフレームワークとしての地位を獲得しています。

（*省察…自分自身を省みて、その良しあしを考えること）

では、経験学習モデルについて、具体的に見ていきましょう。

経験学習のサイクルは、**「具体的経験」「内省的省察」「抽象的概念化」「積極的実践（試行）」の４つの工程**から構成されています。

サイクルは「具体的経験」をすることから始まります。

前述の事例では、自分が受け持っている現場で問題が発生したことから、現場に足を運んで、いろいろとリサーチを行い、聞き取り調査などを実施しました。

次の**「内省的省察」とは、「いったん現場を離れ、自分の行為や経験の意味を、俯瞰的で多様な観点から振り返り、意味づけすること」**です。経験したことを、さまざまな

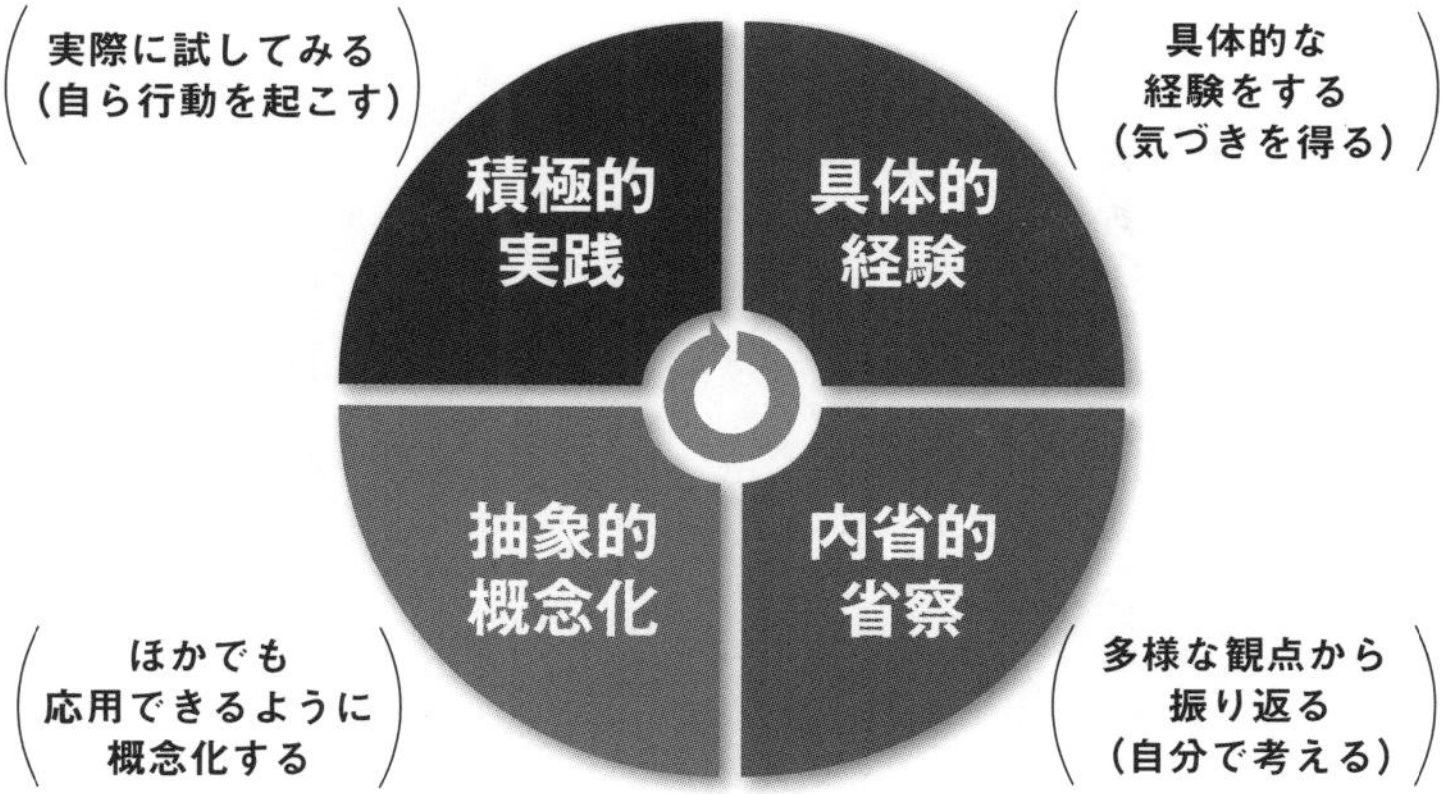

観点から徹底的に振り返り、体験や集めたデータを吟味し、省察することで気づきやアイデアが得られ、有効な仮説を立てることができます。

その次の**「抽象的概念化」とは、「経験したことを一般化・概念化・抽象化し、ほかの状況でも応用可能な知識やフレームワークとしてつくりあげること」**をいいます。つまり、省察した内容を概念化し、1回きりで終わらせるのではなく、ほかの人でも使えるように汎用的なツールにするわけです。

そして最後の**「積極的実践」**（試行）**とは、行動・実践**です。「経験学習モデル」では、経験を通して構築された仮説やフレームワークを、行動・実践してこそ大きな意味があります。

あきらめずに考えることで、すばらしい仮説やアイデアが生まれる

経験学習モデルにおける**もっとも重要なステップは、「省察」**です。そして、そのポイントは**「あきらめないこと」**です。

マッキンゼーのコンサルタントたちは、一見するとクールに物事を進めていると思われがちですが、実は「職人気質《かたぎ》」の人が多いと私は感じています。

ここでいうところの「職人気質」とは、**多少の紆余曲折があったとしても、最後まであきらめずに徹底して追求する**ことを意味します。「ずば抜けた仕事」をするには、特にこの職人気質が必要です。

「ずば抜けた仕事」とは、最初にひらめきがあって、それが本当にうまくいくのか

どうかをロジックで詰めていくことですが、この「ひらめき」をロジックにつなげるのが、とても難しいのです。なぜなら、**さまざまな調査をして分析を繰り返し、やっとそのひらめきが成り立つ根拠を見つけるまで、あきらめずに考え抜き、調べ尽くすことが求められる**からです。

問題を解決するために、「目的は何か?」「真の問題は何か?」を問い続け、問題のありかがわかったら、「それを解決するための効果的な解決策は何か?」と常に問い続けていきます。

そうやって**何度も「なぜ?」を繰り返し、あきらめずに根気よく考える**ことで、すばらしい仮説やアイデアは生まれるものなのです。

A店の事例で1回目の実践が失敗に終わったのは、この部分で手を抜いてしまったからです。

すなわち「A店の売り上げが前年同期よりダウンしている」「周辺に競合店が誕生した」「競合店は値引きキャンペーンを行っている」という事実から、「価格競争力が落ちているから競合店に、お客が流れている」と、短絡的に判断したことが失敗でした。

筋の悪い仮説からは、筋の悪い解決策しか生まれません。

厳しい言い方をすれば、省察が的外れだったために1回目のキャンペーンに無駄な時間とコストを費やしてしまい、その結果、有効な解決策であれば得られたであろう売り上げと利益を逃してしまったのです。

一方、2回目の実践では、経験学習モデルにそっていました。1回目の経験が教訓となり、「具体的な経験」「省察」のステップで「3C」の視点を導入し、「競合」「顧客」「自社」から考えたことがうまくいった理由です。

では、経験学習モデルでA店の事例をあらためて整理してみましょう。

もうお気づきでしょう。

経験学習モデルでは、**成功体験だけでなく、失敗体験も「具体的経験」として生きているわけです**。

具体的経験

顧客のニーズを探るために競合店を訪問し、顧客の行動を観察した。周辺は住宅街で、ファミリー層が大量の衣類や、ふとん、毛布などの寝具を持ち込んでいるのに気づいた

内省的省察

顧客は大量の衣類や寝具を乾燥させるため、大型乾燥機が充実している競合店へ足を運んでいる。しかし、ふとん1枚であれば、中型の乾燥機でも対応可能。そうした細かい情報提供ができるチラシをつくり、配布しよう

抽象的概念化

顧客は寝具や大量の衣類の保管に苦労している。別事業として展開しているトランクルーム事業と組み合わせれば顧客のニーズに応えることができる。A店だけではなく、全社でコインランドリー事業とトランクサービス事業を組み合わせたサービスを提供できないか

積極的実践

コインランドリー事業とトランクサービス事業を組み合わせたサービスをA店ほか数店舗で試行的に提供したところ大好評。全社で展開することになった

業務を改善し、実効性を高める「PDCAサイクル」

ここまで、A店の事例をもとに、経験学習モデルについて説明をしてきましたが、経験学習モデルは**「PDCAサイクル」**と組み合わせることで、さらに効果を上げる場合があります。

ビジネスパーソンであれば、普段からPDCAサイクルを意識し、すでに実践しているという人も多いと思いますが、あらためて説明すると、**PDCAサイクルとは、「Plan」（計画）「Do」（実行）「Check」（評価）「Action」（改善）を繰り返すことによって業務をどんどん改善し、実効性を高めていくフレームワーク**です。

なお、PDCAサイクルは、トヨタ自動車の生産方式を確立させた大野《おおの》耐一《たいいち》氏の考え方をもとに、アメリカの数理統計学者エドワード・デミングが体系化・整理したも

ＰＤＣＡサイクル

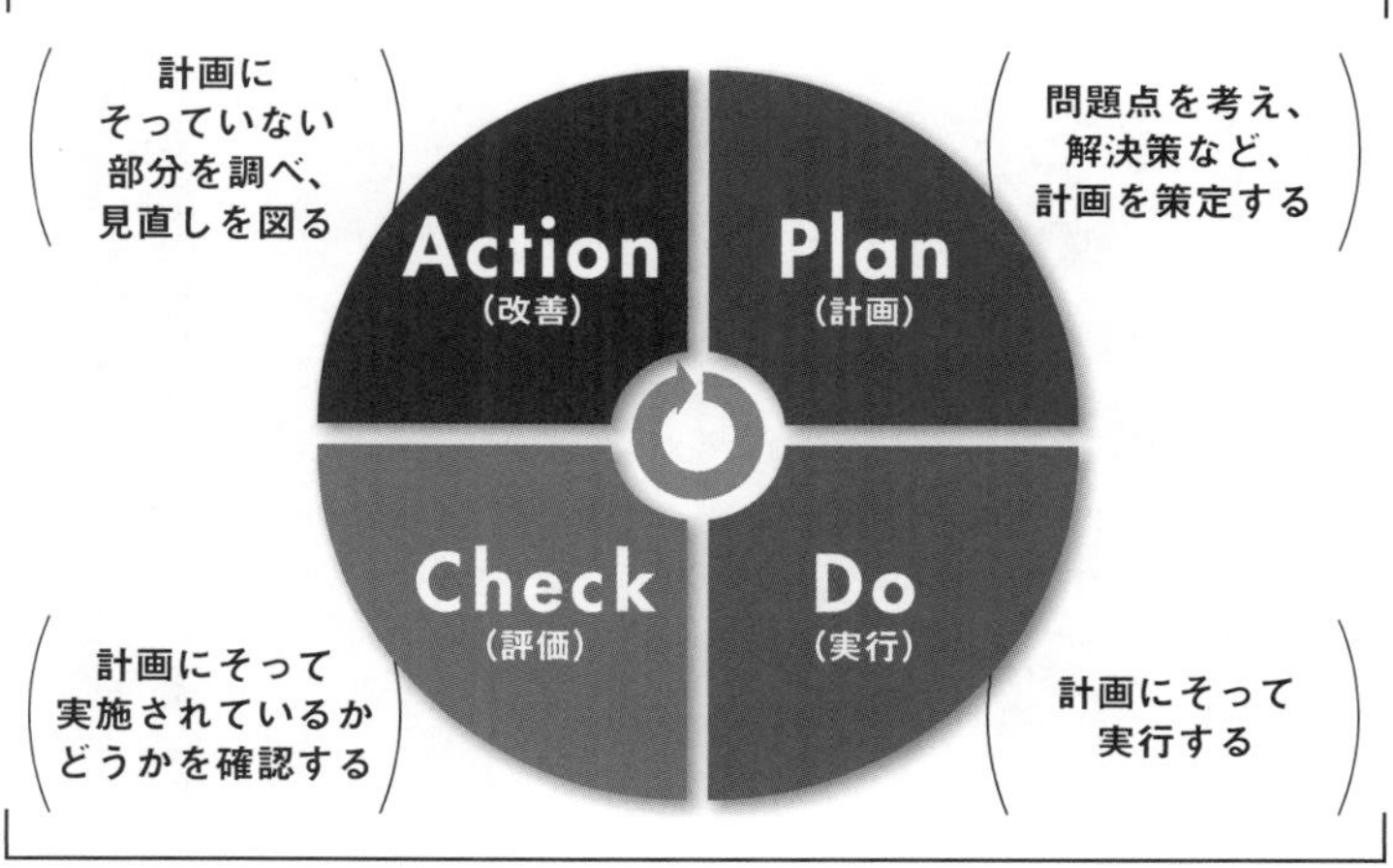
計画に
そっていない
部分を調べ、
見直しを図る
Action
（改善）
問題点を考え、
解決策など、
計画を策定する
Plan
（計画）
Check
（評価）
計画にそって
実施されているか
どうかを確認する
Do
（実行）
計画にそって
実行する

のといわれています。

　では、ＰＤＣＡサイクルをフェーズごとに見てみましょう。

「Plan」（計画）では、**まず問題点を考え、解決策を立案**します。その際は、後で具体的な評価がしやすいように数値や時間、目標などを設定するのがポイントです。

「Do」（実行）では、**「Plan」**（計画）**をもとに解決策を実行**します。

「Check」（評価）では、**実行した結果を検証**します。設定した目標に対してどうだったかを評価しましょう。

「Action」（改善）では、問題点が解決していない、もしくは不十分と判断したなら、**計画の修**

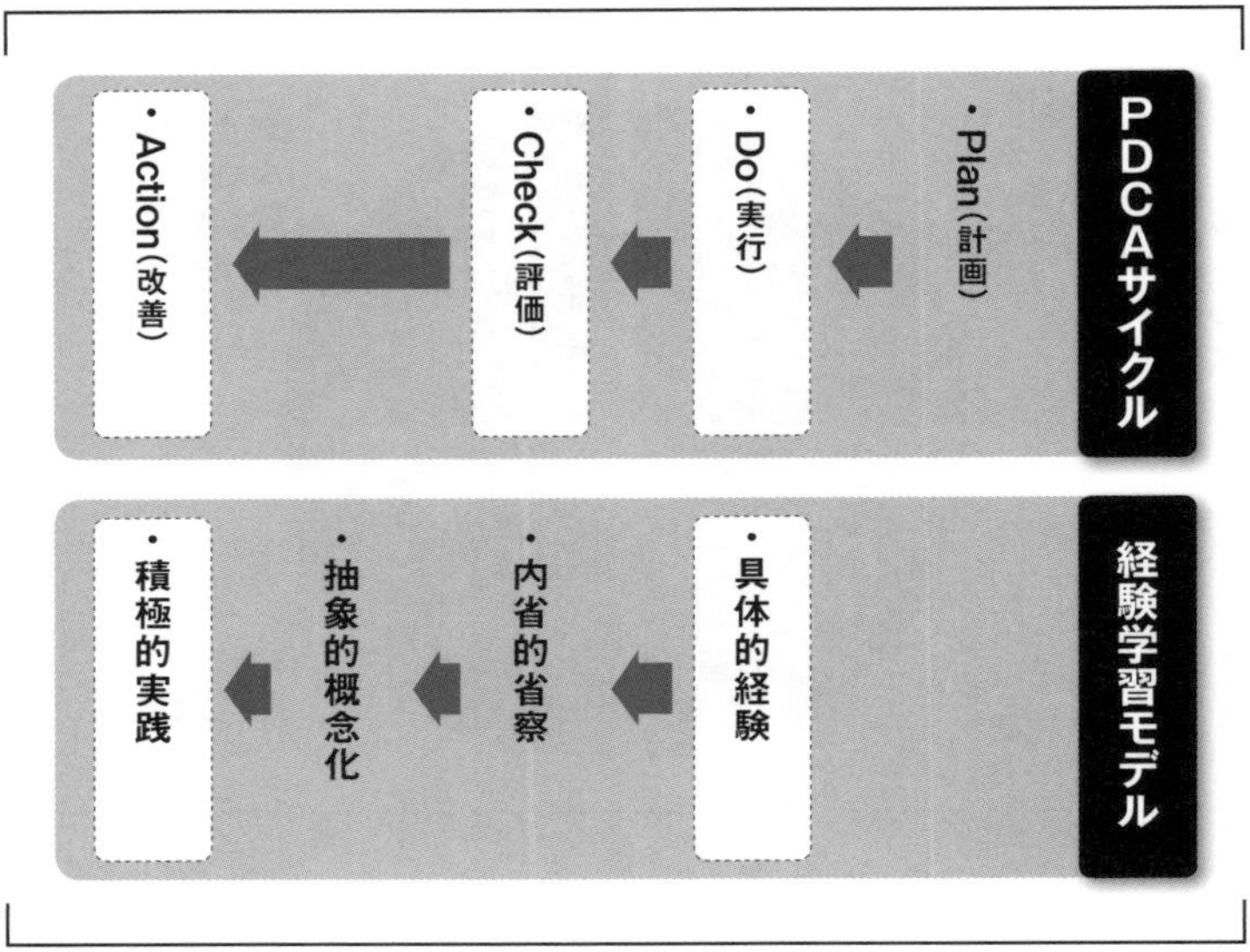

正・見直しを図ります。

経験学習モデルとPDCAサイクルを比較すると、上図のようになります。

両者は相互補完的で、一方のフレームワークを実践する際、もう一方の考え方を参考にすることで、より生産性が高まります。

具体的には「経験学習モデル」の「具体的経験」の前に「Plan」（計画）のステップを入れ、「PDCAサイクル」の「Check」（評価）のステップで「内省的省察」と「抽象的概念化」を意識するようにするわけです。

こうやって見ると、両者はきわめて**相互補完的なフレームワークである**ことがわかります。

一流の人から学び続ける姿勢を

経験学習モデルの「内省的省察」のステップで注意したいのは、**単なる自己満足に終わらないようにする**という点です。

そのためには一流の人から学ぶ必要があります。

私はマッキンゼーで新人ビジネスアナリストだった時代、大前研一氏やマネジャーから「まず自分の背の高さになるまでパッケージ（報告書）を読め」と、よくいわれました。

なぜ、そうすることが大事なのかというと、過去のパッケージを読み込む量を増やすことで、**どのような問題に対して、どのような問題解決のアプローチがなされたのか、あるいはどのような仮説が有効なのかといったことが、直観的につかめる**ようになるからです。

つまり、一流の**先人たちの問題解決プロセスを学ぶことで、自分の中にも問題に対峙する際の有効な思考パターンが蓄積されていく**のです。

実際、「どういった課題があったときに、どのようなフレームワークを使ったか」「問題解決プロセスのどの場面で、どのようにフレームワークを応用したか」などが、パッケージに目を通すだけで、ある程度、見えてきます。

もちろん、まったく同じケースなどはありません。また、同じ課題であっても、人によって異なるアプローチをしますし、愛用しているフレームワークも異なります。

ただ、多数の事例を読み込むことで、おおまかな思考パターンが見えてくるようになります。私たちは積極的にそれらを参考にすればよいのです。

上司や先輩の経験・知恵は積極的に借りる

ビジネスでは、自分で問題解決の方法を考えたり、仮説を立てて行動したりすることは、スキルアップや経験という意味でも、とても大切なことです。

しかし、誰もが最初から完璧にできるものではありません。そもそも経験がないことにいきなりチャレンジしても、いきなり上手にやれる人はほとんどいないでしょう。

だからこそ、パッケージを読むだけではなく、**上司や先輩をうまく使って、その経験や知恵を借りる**ことが重要です。

マッキンゼーの新人たちも同様でした。

私も新人時代、脳の中に汗をかくくらい、考えに考えて書いたインタビューの質問案を先輩に渡すと、必ず、その倍くらいの赤ペンの書き込みが返ってきました。

最初は「えっ⁉」と思うのですが、指摘された内容を確認すると、すべて納得できるものばかりでした。

たとえば、飲食店の利用動機に関するインタビューで「なぜ、このお店を利用していますか？」という質問をつくると、先輩から「So What ?」（だから、何？）と赤ペンで指摘されたものです。

たしかに「なぜ、このお店を利用していますか？」という質問からは、「ランチが食べたかったから」「いつも利用しているから」「スイーツがおいしいから」といったように表面的な答えしか返ってきません。

私たちが知りたいのは、そういった表面的な回答ではなく、「このお店の何が、真の利用動機になっているのか？」という本質的な仮説につながる回答です。

そうした**「深い省察」（インサイト）を可能にするには、相手の潜在的な嗜好や志向、ニーズまで、さりげなく探り出せるような質問**をしなければなりません。

だからこそ、新人の私たちが、そこにフォーカスできるような思考にたどり着くまで、先輩が指導役となって、ペーパーが真っ赤になるまで添削してくれたのです。

後で考えると、そうした「問い」を自分に向けてくれた先輩たちのおかげで、私はコンサルタントとして成長することができました。

あなたも身近に「この人の思考法は参考になる！」という人がいるのであれば、ぜひその人に、自分のつくった提案書や報告書などのチェックをお願いしてみてください。きっと、有益なアドバイスをもらえたり、さまざまな気づきを得られたりするはずです。

どんな仕事であっても、適切なインプットがなければ、よいアウトプットは出せません。また、自分の手持ちの情報だけで思いつきの仮説を立てていては、本質的な問題解決から遠のいてしまいます。

そうならないためにも、普段から気軽に相談できる上司や先輩、また専門性を持つさまざまなプロフェッショナルを、自分のネットワークとして持っておくことが大切なのです。

あとがき

マッキンゼーの新人時代、ある業界動向をまとめるように上司に言われたことがありました。何をどうまとめればいいかまったくわからなかった私は、市場規模や、競合の売上高推移など、思いつく限りの情報を分厚い資料にまとめて提出したのです。

しかし、資料を一瞥《いちべつ》した上司に、「情報に漏れはない？」「結局君は、何を伝えたいの？」「もし君が、この会社の役員なら、この資料から何をすべきかわかる？」……と矢継ぎ早に問われ、頭の中が真っ白になりました。

「コンサルタントの仕事は『経済白書』のように、情報を羅列することではない。具体的なアイデアや解決策を出すことだ」との言葉は、いまでも鮮明に思い出します。

情報を集めて並べただけでは、まったくビジネスの現場では役に立ちません。私はそのとき、「フレームワークで解決策を考える」ことの重要性を、心底痛感したのです。

フレームワークとは、「情報」×「切り口」です。

世の中は、膨大な情報であふれています。そうした情報のカオスを、どんな「切り口」で整理するのか？　それによって、見え方や解釈は変わり、結果として取るべき行動も変わってきます。フレームワークがそれを導いてくれる道具となるのです。

本書でご紹介したフレームワークは、私がコンサルティングの現場で使ってきた、実用性・汎用性が高いものばかりです。精度の高い原因究明や解決策を導けるようになることで、あなたの仕事の効率は格段に向上するでしょう。自信を持って決断できるので、意思決定の精度やスピードも「超速」で上がっていくはずです。

最初は見よう見まねでかまいません。ぜひ本書のフレームワークを、ご自分の仕事やプライベートにおける課題整理・意思決定に、とことん使いこんでみてください。使えば使うほどに、あなたの思考や行動が磨かれていくのを実感できると思います。

最後に本書の執筆にあたって、学生の意見も参考にしたいと、大学で医学の勉強に奮闘中の姪、大嶋千尋に内容を確認してもらいました。この場を借りて、ありがとう！

本書が皆さんの仕事や人生の向上のヒントになれば、このうえなく幸せです。

大嶋　祥誉

参考文献

『考える技術』（大前研一 著、講談社）
『企業参謀─戦略的思考とはなにか』（大前研一 著、プレジデント社）
『超訳・速習・図解 企業参謀ノート［入門編］』（大前研一 監修、プレジデント書籍編集部 編、プレジデント社）
『勝間和代のビジネス頭を創る7つのフレームワーク力 ビジネス思考法の基本と実践』（勝間和代 著、ディスカヴァー・トゥエンティワン）
『知識ゼロからの行動経済学入門』（川西諭 著、幻冬舎）
『マッキンゼーで学んだフレームワークの教科書』（洋泉社MOOK）（大嶋祥誉 監修、洋泉社）

超速《ちょうそく》フレームワーク

著　者——大嶋祥誉（おおしま・さちよ）

発行者——押鐘太陽

発行所——株式会社三笠書房

〒102-0072 東京都千代田区飯田橋3-3-1
電話：(03)5226-5734（営業部）
　　：(03)5226-5731（編集部）
https://www.mikasashobo.co.jp

印　刷——誠宏印刷

製　本——若林製本工場

編集責任者　本田裕子
ISBN978-4-8379-2797-6 C0030